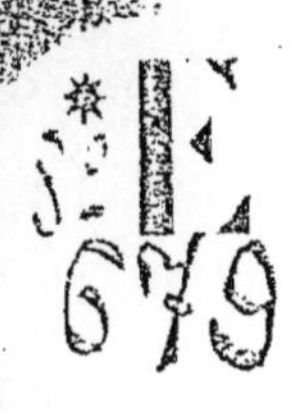

HENRI JOLY

cien professeur à la Sorbonne

MONTESQUIEU

Esprit des Lois, livre I

J.-J. ROUSSEAU

Contrat social, livres I et II

Victor Lecoffre

MONTESQUIEU & J.-J. ROUSSEAU

ESPRIT DES LOIS, Livre I

CONTRAT SOCIAL, Livres I et II

TYPOGRAPHIE FIRMIN-DIDOT ET Cie. — MESNIL (EURE).

MONTESQUIEU & J.-J. ROUSSEAU

ESPRIT DES LOIS, Livre I

CONTRAT SOCIAL, Livres I et II

ÉDITION CLASSIQUE

AVEC INTRODUCTION ET NOTES

PAR

HENRI JOLY

PARIS

LIBRAIRIE VICTOR LECOFFRE

RUE BONAPARTE, 90

1900

LA
SOCIÉTÉ ET LA NATURE
AU XVIIIᵉ SIÈCLE

Notre dix-septième siècle avait eu, entre autres gloires, celle de pousser très loin la connaissance de l'homme intérieur et la connaissance de Dieu. Avait-il été en même temps un siècle scientifique? Oui, et l'un des plus grands qu'ait eus l'humanité. Mais dans la *science* qu'on appelle aujourd'hui positive, il avait surtout cultivé l'étude mathématique des forces abstraites et les lois du mécanisme universel, où d'ailleurs ses savants comme ses philosophes voyaient l'expression immuable des perfections divines. Mais la nature proprement dite, la nature vivante lui avait été à peu près indifférente : il n'avait pas plus cherché à donner de ses phénomènes une explication distincte qu'il ne s'était soucié de la peindre dans son art. Il ne s'était pas non plus préoccupé de la science de la société. Il tenait pour évident que les sociétés aussi bien que les individus étaient soumis aux lois qu'il avait plu à Dieu de leur donner. Cela lui suffisait.

Le dix-huitième siècle essaya de combler ces lacunes. La nature que ses savants cherchèrent à expliquer, ses écrivains la décrivirent et la chantèrent. Ils ne l'aimaient pas seulement dans la verdure et dans les eaux et dans les paysages que n'avait point gâtés un art convenu : ils l'aimèrent dans les mœurs des animaux et dans les inclinations, dans les faiblesses surtout de l'humanité s'abandonnant à son cœur et à ses sens. Enfin ils tinrent à savoir ce que la société humaine, son gouvernement, ses lois, ses actions, doivent, non plus tant à Dieu et à sa providence qu'à cette nature si étendue, si riche et si complexe : c'est vers la nature, en un mot, qu'ils se portent de tous côtés, autant par esprit d'émancipation que par esprit de curiosité.

A ces efforts pour rapprocher, pour unir la science de la nature et celle de la société, deux hommes surtout prennent une part considérable; ce sont Montesquieu et Rousseau. Mais les différences qui les séparent sont saillantes.

Le premier, qui n'a pas perdu l'héritage de la grandiose simplicité du siècle précédent, croit en un Dieu législateur. Il estime que l'homme est soumis aux influences de la nature, en vertu des lois que Dieu a imposées à tous les êtres, quels qu'ils soient, de cet univers. Il pense que l'homme et ses œuvres, ses institutions et ses lois, n'ont pu et ne pourront jamais s'affranchir de l'action de la nature des choses. C'est cette action persistante qu'il se propose d'étudier.

Le second, qui est d'abord ennemi de toute contrainte, se plaît à supposer que l'homme était né bon et qu'il était fait pour vivre dans sa bonté primitive sans aucune entrave ni sujétion d'aucune espèce. Puis il suppose que par suite d'accidents malheureux, l'homme est sorti de cet isolement, condition de l'indépendance, et que pour la généralité des hommes la rupture a été aussi irrémédiable que profonde. Dès lors, par une révolution brusque et par un effort de réaction non moins excessif que son erreur première, le théoricien veut que tout soit remis en question. Il faut qu'à cette nature corrompue soit substitué de toutes pièces un état où l'on refera l'humanité systématiquement et souverainement.

L'étude que nous allons faire d'importants fragments de ces deux écrivains va préciser et éclairer ce court résumé.

MONTESQUIEU

Montesquieu (Charles Louis de Secondat), naquit le 18 janvier 1689, au château de la Brède, près de Bordeaux.

« Son père, dit M. Albert Sorel, avait de l'austérité aristocratique à la Vauban et à la Catinat; sa mère était pieuse; l'un et l'autre étaient de ces nobles qui se font peuple et populaires, à la fois par devoir de leur rang et par sentiment chrétien. Dans l'instant que Charles-Louis naissait, un mendiant se présenta au château; les Secondat le retinrent pour être parrain de l'enfant, afin que le parrain lui rappelât tout sa vie que les pauvres sont ses frères. » Ainsi en avait usé autrefois le père de Montaigne, compatriote du père de Montesquieu.

Celui qui venait d'entrer ainsi dans la vie, put voir, dans son adolescence et dans sa jeunesse, la fin du règne de Louis XIV; mais il la vit de loin, car il vécut d'abord en pays gascon, dans la liberté de la campagne; puis, ayant perdu sa mère de bonne heure, on lui fit faire ses études, de 1700 à 1711, chez les oratoriens de Juilly. Dès 1714, revenu dans son pays natal, il était Conseiller au Parlement de Bordeaux.

Sa vie semblait devoir s'écouler là tout entière, partagée entre les travaux de sa charge — à laquelle il ne donna, dit-on, qu'une attention correcte, un peu dédaigneuse, un peu ennuyée — et l'étude, qu'il aimait passionnément. Son esprit, très actif, s'engagea dans une double direction. Tout plein de l'antiquité, comme on l'était alors, il composa un travail sur la *Politique des Romains en matière de religion*. En même temps, il prenait part au mouvement qui se dessinait en faveur des sciences de la nature. Il se livrait à des recherches d'anatomie, de botanique, de physique. Il soumettait même à l'Académie de Bordeaux (dont il avait été élu membre), une théorie sur la transparence des corps, où l'on a dit tout récemment qu'il semblait prévoir les rayons Rœntgen. En 1719, il entreprit une étude qui aurait pu prendre de vastes proportions : il envoya dans le monde savant une circulaire demandant des notes pour écrire une *histoire de la terre*, ancienne et moderne. Ce grand projet n'eut pas la suite que son auteur voulait d'abord lui donner. On peut croire cependant qu'il ne resta pas sans fruit. Outre que le jeune penseur préludait ainsi à ses essais sur les rapports des lois humaines avec les terrains et les climats, il prenait l'habitude de ces enquêtes sans lesquelles ériger un mouvement tel que l'*Esprit des Lois* serait impossible.

Cependant les travaux scientifiques pas plus que les soins de sa profession, ne le prenaient tout entier. Il fut homme du monde. Dans cette société heureuse de se sentir délivrée du fardeau glorieux, mais onéreux, du gouvernement de Louis XIV, corrompue, légère, avide de nouveautés, avide surtout de libres peintures, il prit le goût de la satire en même temps que celui de l'observation. Il écrivit ses fameuses *Lettres persanes* (1721).

Le cadre, assez artificiel, lui était fourni par ces récits de voyage qui se multipliaient alors et qui faisaient connaître, fort superficiellement du reste, un nombre croissant de nations lointaines. Ce sont deux Persans qui échangent leurs impressions sur les faits et sur les mœurs des deux cours où ils sont censés vivre l'un et l'autre. Quant au fond — si l'on met de côté des fantaisies vieillies et des tableaux où règne un mélange de licence et de sentimentalité qui ne nous touche plus guère — c'est la société mondaine du temps qui en fait tous les frais. Ses abus, sa corruption, ses ridicules, y sont décrits en traits fins et mordants qui valurent à l'ouvrage un succès considérable. Mais en même temps on y sentait le sage et profond ami des lois, l'homme politique aux horizons larges et remplis. On pouvait y lire en effet des maximes telles que celles-ci : « Il est quelquefois nécessaire de changer certaines lois, mais le cas est rare, et lorsqu'il arrive, il n'y faut toucher que d'une main tremblante » — ou encore : « J'ai souvent recherché quel était le gouvernement le plus conforme à la raison. Il m'a semblé que le plus parfait est celui qui va à son but à moins de frais ; de sorte que celui qui conduit les hommes de la manière qui couvient le plus à leurs penchants et à leurs inclinations, est le plus parfait. »

Le livre, frivole d'apparence, portait donc le germe de l'ouvrage le plus laborieux et le plus sérieux de son époque.

Après le grand succès des *Lettres persanes*, la pensée de Montesquieu parut devoir suivre tantôt l'un, tantôt l'autre des deux courants qui s'étaient mélangés dans le premier écrit. Il composa quelques romans, comme le *temple de Cnide* (1725) ou *Arsace et Isménie* (1748). Il se présenta à l'Académie française : il y fut élu une première fois, cette élection ne fut pas agréée, sous le prétexte qu'il ne résidait pas à Paris. Il vendit alors sa charge du Parlement de Bordeaux, vint se fixer dans la capitale, se présenta de nouveau à l'Académie et y fut élu, définitivement, cette fois. Avec les années cependant, le courant des idées relatives à la « science sociale » (mot que personne alors ne connaissait) ne tarda pas à l'emporter.

En 1528 et 1529, il allait, parcourant les principaux pays d'Europe, l'Italie d'abord, dont les Musées l'enchantèrent, puis l'Autriche et la Hongrie, l'Allemagne septentrionale et enfin l'Angleterre où il fréquenta le Parlement, apprit à goûter les écrits politiques de Locke. Partout d'ailleurs, il avait recueilli des notes précieuses sur la population, le travail, l'industrie, le commerce, la monnaie. De retour en France, il se sentait comme une provision d'idées et de documents qui, pour être mis en œuvre, lui semblait demander plutôt le calme de la vie de province que les mille excitations et aussi les mille divertissements de Paris. Il rentra au château de la Brède : là, tout en faisant valoir son domaine (particulièrement ses vignes) en agriculteur expérimenté, il esquissait mainte étude dont nous n'avons que des fragments très courts : un essai sur les finances de l'Espagne — des réflexions sur la monarchie universelle en Europe — une histoire de Louis XI. Il taillait, pour ainsi dire, les pierres du grand édifice qui devait abriter l'histoire de la race humaine dans ses rapports avec le gouvernement, la politique et les lois.

Bientôt il rencontrait un bloc qu'il mettait à part, dont il faisait sortir un véritable monument, solidement construit, élégamment dessiné, travaillé dans tous ses détails avec un art consommé : C'était l'*Essai sur la grandeur et la décadence des Romains* (1734). En 1745, il leur donnait une suite par le court, mais beau *Dialogue de Scylla et d'Eucrate;* car, ainsi qu'il l'écrira plus tard dans *l'Esprit des Lois,* « on ne peut jamais quitter les Romains, et aujourd'hui encore, dans leur capitale, on laisse les nouveaux palais pour aller chercher leurs ruines. » C'est dans cette même année 1748 qu'il publia enfin *l'Esprit des Lois.*

Il mourut très chrétiennement, le 10 février 1755.

Puisqu'il est question ici de *l'Esprit des lois* et que cependant nos jeunes lecteurs n'auront à en étudier que très peu de pages, c'est le moment de nous demander quelles sont les idées capitales que ce livre célèbre a mises en circulation dans le monde. Les voici.

Les hommes ne sauraient être gouvernés, leurs rapports entre eux ne sauraient être réglés ni par la fantaisie et le caprice, ni par la routine ignorante, ni, d'un autre côté, par des lois où des législateurs improvisés ne consulteraient que leurs préférences théoriques, leurs principes abstraits, leurs combinaisons idéales. Chaque nation se trouve être un tout qui s'est lentement adapté aux nécessités de son climat, de son sol, de sa situation géographique, à ses forces offensives ou défensives, à la nature de ses subsistances, à l'étendue de sa *population*, aux facilités de son commerce. De tous ces éléments réunis par l'action du temps, le caractère national a tiré ce que Montesquieu appelle *l'esprit* de sa législation. Cet esprit, on ne peut pas plus le forcer impunément qu'on ne peut forcer le caractère et le talent d'un individu. Ce qu'on peut et ce qu'on doit faire, c'est de l'étudier, de se l'expliquer, d'en tirer tout le parti possible et de le perfectionner : autrement, on le laisse aller à l'aventure, on le pousse imprudemment aux excès auxquels il est déjà enclin de sa propre nature. Mais dans un cas comme dans l'autre on ne le crée pas et on ne peut pas le révolutionner — si ce n'est pour son mal.

Il faut en dire autant des modes de gouvernement. Chaque nation a le sien, lié à l'ensemble de ses lois et à l'ensemble des causes dont ces lois elles-mêmes dépendent. Qu'on sache donc comment chacun de ces gouvernements a ses inconvénients et ses avantages, quelles sont les vertus particulières qu'il exige, comment il peut se corrompre et de quels excès il importe de le préserver!

Ainsi, *le fond* de l'aristocratie se corrompt quand le pouvoir des nobles devient arbitraire. Le principe de la monarchie se corrompt quand le pouvoir royal ôte peu à peu les prérogatives des corps ou les priviléges des villes, lorsqu'il ramène toute la vie de l'État à sa capitale, lorsqu'il n'accorde aux premiers citoyens aucune dignité qu'en échange de la servitude. Le principe de la démocratie, à son tour, se corrompt, lorsqu'on prend l'esprit d'égalité extrême et que chacun veut être égal à ceux qu'il choisit pour lui commander.

Par ces distinctions profondes, Montesquieu expliquait la décadence du régime qui avait précédé la Révolution française, et il prophétisait les dangers du régime qui l'a suivie.

Tous ceux qui, dans son siècle et dans le nôtre, ont travaillé à empêcher la révolution, tous ceux qui se sont défiés des constructions *à priori,* des constitutions artificielles, exposées à de continuelles révisions, tous ceux qui ont voulu allier l'initiative et l'esprit de progrès au respect de la tradition, tous ceux qui, en matière sociale, aiment surtout à raisonner sur des faits — que les faits soient anciens ou qu'ils soient nouveaux — tous ceux qui veulent bien s'accommoder d'un changement profond, contraire peut-être à leurs idées, mais paraissant avoir subi l'épreuve du temps, plus qu'ils ne l'eussent prévu, et qui s'appliquent avec sincérité à y mettre autant d'ordre, autant de justice, autant de raison qu'il est souhaitable, ceux-là sont de la postérité intellectuelle de Montesquieu et les disciples de sa politique.

L'Esprit des lois compte 31 livres, mais que l'on ramène à un plus petit nombre de groupes où il est traité des lois, en général — des différentes formes de gouvernement et de la corruption de chacun d'eux — des lois dans leurs rapports avec la force offensive ou défensive des nations — des lois qui ont trait à la liberté politique — des lois dans leurs rapports avec les climats — des lois dans leurs rapports avec l'esprit général et les mœurs — des lois dans leurs rapports avec la religion du pays — des lois dans leurs rapports avec l'ordre des choses sur lesquelles elles statuent — des lois des Romains — des lois des Francs.

Le livre est précédé d'une préface où nous relèverons les passages suivants :

« J'ai d'abord examiné les hommes, et j'ai cru que, dans cette infinie diversité de lois et de mœurs, ils n'étaient pas uniquement conduits par leurs fantaisies.

« J'ai posé les principes, et j'ai vu les cas particuliers s'y plier comme d'eux-mêmes, les histoires de toutes les nations n'en être que les suites, et chaque loi particulière liée avec une autre loi ou dépendre d'une autre plus générale.

« Je n'ai point écrit pour censurer ce qui est établi dans quelque pays que ce soit. Chaque nation trouvera ici les raisons de ses maximes; et on en tirera naturellement cette conséquence, qu'il n'appartient de proposer des changements qu'à ceux qui sont assez heureusement nés pour pénétrer d'un coup de génie toute la constitution d'un État ».

DE
L'ESPRIT DES LOIS

LIVRE PREMIER

DES LOIS EN GÉNÉRAL

CHAPITRE PREMIER

DES LOIS, DANS LE RAPPORT QU'ELLES ONT AVEC LES DIVERS ÊTRES.

Les lois, dans la signification la plus étendue, sont les rapports nécessaires[1] qui dérivent de la nature des choses ; et dans ce sens tous les êtres ont leurs lois : la divinité a ses lois, le monde matériel a ses lois, les intelligences supérieures à l'homme

[1]. Ces rapports « nécessaires » ne sont pas tels d'une nécessité fatale, au-dessus de toute prévision et de tout plan, supérieure à toute sagesse. Le monde une fois établi, les lois qui lui ont été imposées sont nécessaires parce qu'elles expriment le lien (*nexus*) enchaînant les différentes parties de

ont leurs lois, les bêtes ont leurs lois, l'homme a ses lois [1].

Ceux qui ont dit qu'une fatalité aveugle a produit tous les effets que nous voyons dans le monde, ont dit une grande absurdité; car quelle plus grande absurdité qu'une fatalité aveugle qui aurait produit des êtres intelligents?

Il y a donc une raison primitive; et les lois sont les rapports qui se trouvent entre elles et les différents êtres [2], et les rapports de ces différents êtres entre eux.

Dieu a du rapport avec l'univers comme créateur et comme conservateur, les lois selon lesquelles il a créé sont celles selon lesquelles il conserve : il agit selon ces règles, parce qu'il les connaît; il les connaît parce qu'il les a faites; il les a faites, parce qu'elles ont du rapport avec sa sagesse et sa puissance [3].

Comme nous voyons que le monde, formé par le

---

l'œuvre entre elles; mais l'œuvre même n'était pas pour cela nécessaire.

1. L'homme a ses lois. Seulement ses lois sont de deux sortes. Les unes lui sont imposées par la nature, et celles-là il n'y a qu'à les expliquer et à les comprendre, car ce n'est pas l'homme qui les a faites et il ne lui appartient pas de les défaire. Les autres, il est chargé de les faire lui-même. Or celles-ci, bien que dépassant les premières et recevant de plus haut quelques-unes de leurs inspirations, ne doivent pourtant pas se mettre en désaccord avec elles.

2. Autrement dit, si la divinité a ses lois, ce n'est pas comme partie de l'univers, ni comme « totalité » de l'univers, ainsi que l'entend le spinosisme.

3. Montesquieu n'exclut certainement pas l'idée de liberté de l'idée de la création divine; mais ce n'est pas sur elle qu'il insiste le plus. Il se rapproche

mouvement de la matière et privé d'intelligence, subsiste toujours, il faut que ses mouvements aient des lois invariables; et si l'on pouvait imaginer un autre monde que celui-ci, il aurait des règles constantes [1], ou il serait détruit.

Ainsi la création, qui paraît être un acte arbitraire, suppose des règles aussi invariables que la fatalité des athées : il serait absurde de dire que le créateur, sans ces règles, pourrait gouverner le monde, puisque le monde ne subsisterait pas sans elles.

Ces règles sont un rapport constamment établi. Entre un corps mû et un autre corps mû, c'est suivant les rapports de la masse et de la vitesse que tous les mouvements sont reçus, augmentés, diminués, perdus; chaque diversité est uniformité [2], chaque changement est constance.

Les êtres particuliers intelligents peuvent avoir des lois qu'ils ont faites : mais ils en ont aussi qu'ils n'ont pas faites. Avant qu'il y eût des êtres intelligents, ils étaient possibles [3] : ils avaient donc des rapports possibles et par conséquent des lois possibles. Avant qu'il y eût des lois faites, il y avait

plus de Leibniz que de Descartes et de saint Thomas que de Duns Scot.

1. Étant autre, il aurait d'autres lois, mais il en aurait. Ces lois, tout en étant autres que celles qui régissent le monde actuel, seraient cependant constantes comme elles.

2. Parce que la diversité même peut être ramenée à la loi fondamentale, laquelle produit des effets divers en apparence quand les circonstances sont modifiées.

3. Cette conception des possibles, antérieurs à l'existence réelle, vient d'Aristote, mais elle a été surtout approfondie par Leibniz.

des rapports de justice possibles. Dire qu'il n'y a rien de juste ni d'injuste que ce qu'ordonnent ou défendent les lois positives, c'est dire qu'avant qu'on eût tracé de cercle tous les rayons n'étaient pas égaux [1].

Il faut donc avouer des rapports d'équité antérieurs à la loi positive qui les établit : comme, par exemple, que, supposé qu'il y eût des sociétés d'hommes, il serait juste de se conformer à leurs lois ; que, s'il y avait des êtres intelligents qui eussent reçu quelque bienfait d'un autre être, ils devraient en avoir de la reconnaissance ; que, si un être intelligent avait créé un être intelligent, le créé devrait rester dans la dépendance qu'il a eue dès son origine ; qu'un être intelligent qui a fait du

1. Tout ce qui précède, depuis les premières lignes de l'ouvrage, Montesquieu s'est efforcé de l'éclaircir dans ce passage de sa *Défense de l'Esprit des Lois* : « L'auteur, dit-il, a eu en vue d'attaquer le système de Hobbes ; système terrible qui, faisant dépendre toutes les vertus et tous les vices de l'établissement des lois que les hommes se sont faites, et voulant prouver que les hommes naissent tous en état de guerre et que la première loi naturelle est la guerre de tous contre tous, renverse, comme Spinosa, et toute religion et toute morale. Sur cela, l'auteur a établi, premièrement qu'il y avait des lois de justice et d'équité avant l'établissement des lois positives ; il a prouvé que tous les êtres avaient des lois, que, même avant leur création, ils avaient des lois possibles ; que Dieu lui-même avait des lois, c'est-à-dire les lois qu'il s'était faites. Il a démontré qu'il était faux que les hommes naquissent en état de guerre ; il a fait voir que l'état de guerre n'avait commencé qu'après l'établissement des sociétés. Mais... il a été si peu entendu..., que l'on a pris pour des opinions de Spinosa les objections qu'il fait contre le spinosisme. »

mal à un être intelligent mérite de recevoir le même mal; et ainsi du reste [1].

Mais il s'en faut bien que le monde intelligent soit aussi bien gouverné que le monde physique; car, quoique celui-là ait aussi des lois qui, par leur nature, sont invariables, il ne les suit pas constamment comme le monde physique suit les siennes. La raison en est que les êtres particuliers intelligents sont bornés par leur nature, et par conséquent sujets à l'erreur; et d'un autre côté, il est de leur nature qu'ils agissent par eux-mêmes. Ils ne suivent donc pas constamment leurs lois primitives; et celles mêmes qu'ils se donnent, ils ne les suivent pas toujours. On ne sait si les bêtes sont gouvernées par les lois générales du mouvement ou par une motion particulière [2]. Quoi qu'il en soit, elles n'ont point avec Dieu de rapport plus intime que le reste du monde matériel, et le sentiment ne leur sert que dans le rapport qu'elles ont entre elles, ou avec d'autres êtres particuliers, ou avec elles-mêmes [3].

Par l'attrait du plaisir, elles conservent leur être

1. La justice est donc antérieure aux lois et non les lois antérieures à la justice. Cette maxime honore Montesquieu qui combat là tout à la fois les théoriciens du despotisme, ceux de la révolution et ceux du naturalisme matérialiste.

2. « Par les lois générales du mouvement » — c'est la théorie cartésienne de l'auto-matisme ou des animaux-machines, — « ou par une motion particulière », c'est la conception vague de l'instinct, pris comme une sorte de qualité occulte, non susceptible d'ana-lyse.

3. Autrement dit, elles ne s'élèvent pas, comme la raison humaine, à la conception de l'universel.

particulier, et par le même attrait elles conservent leur espèce. Elles ont des lois naturelles parce qu'elles sont unies par le sentiment; elles n'ont point des lois positives, parce qu'elles ne sont point unies par la connaissance. Elles ne suivent pas pourtant invariablement leurs lois naturelles : les plantes, en qui nous ne remarquons ni connaissance ni sentiment, les suivent mieux [1].

Les bêtes n'ont point les suprêmes avantages que nous avons; elles en ont que nous n'avons pas. Elles n'ont point nos espérances, mais elles n'ont pas nos craintes; elles subissent comme nous la mort, mais sans la connaître; la plupart même se conservent mieux que nous, et ne font pas un aussi mauvais usage de leurs passions.

L'homme, comme être physique, est, ainsi que les autres corps, gouverné par des lois invariables; comme être intelligent, il viole sans cesse les lois que Dieu a établies, et change celles qu'il établit lui-même. Il faut qu'il se conduise, et cependant il est un être borné; il est sujet à l'igno-

---

1. Elles les suivent mieux parce qu'elles se rapprochent encore d'un degré du pur mécanisme. Le sentiment, qui est chez les bêtes, les rend accessibles à des attraits ou à des répugnances qui naissent quelquefois de circonstances accidentelles ou exceptionnelles : cela suffit à les égarer de temps en temps; c'est par là que l'homme les trompe ou les dresse, il se sert de leur instinct pour leur faire faire ce dont leur instinct les détournerait en temps ordinaire. — L'intelligence de l'homme est infiniment plus complexe encore et cherche à embrasser beaucoup plus de choses. Ainsi se multiplient les chances d'erreur en même temps que les occasions de travail, de réflexion, d'invention, de vertu et de progrès.

rance et à l'erreur, comme toutes les intelligences finies ; les faibles connaissances qu'il a, il les perd encore. Comme créature sensible, il devient sujet à mille passions.

Un tel être pouvait à tous les instants oublier son créateur : Dieu l'a rappelé à lui par les lois de la religion [1] ; un tel être pouvait à tous les instants s'oublier lui-même : les philosophes l'ont averti par les lois de la morale ; fait pour vivre dans la société, il y pouvait oublier les autres : les législateurs l'ont rendu à ses devoirs par les lois politiques et civiles [2].

CHAPITRE II

DES LOIS DE NATURE

Avant toutes ces lois sont celles de la nature [3],

1. Dans sa *Défense de l'Esprit des lois*, Montesquieu dit formellement qu'il a entendu parler de la religion révélée, et il s'explique : « Je dis que dans cet endroit l'auteur a parlé de la religion révélée, et non pas de la religion naturelle : car, s'il avait parlé de la religion naturelle, il serait un idiot. Ce serait comme s'il disait : un tel être pouvait aisément oublier son Créateur, c'est-à-dire la religion naturelle : de sorte que Dieu lui aurait donné la religion naturelle pour per-fectionner en lui la religion naturelle ».

2. On remarque le lien solide et le bel enchaînement de ces trois propositions. Ce que la religion révélée est à la religion naturelle (qu'elle précise, qu'elle enrichit, qu'elle complète, qu'elle rend claire et impérative etc...) la loi positive l'est à cette morale que nous sommes trop enclins à oublier.

3. De la nature en général, mais principalement de notre nature à nous. La nature dont

ainsi nommées parce qu'elles dérivent uniquement de la constitution de notre être. Pour les connaître bien, il faut considérer un homme avant l'établissement des sociétés. Les lois de la nature seront celles qu'il recevrait dans un état pareil.

Cette loi qui, en imprimant en nous-mêmes l'idée d'un créateur, nous porte vers lui, est la première des lois naturelles par son importance, et non pas dans l'ordre de ces lois. L'homme, dans l'état de nature, aurait plutôt la faculté de connaître qu'il n'aurait des connaissances. Il est clair que ses premières idées ne seraient point des idées spéculatives : il songerait à la conservation de son être, avant de chercher l'origine de son être [1]. Un homme

il va être surtout question dans ce chapitre n'est donc pas la nature aveugle des choses, c'est la nature de l'homme intelligent, sensible, sociable, responsable de lui-même.

1. Montesquieu distingue ici très bien l'ordre psychologique où l'on remonte des effets aux causes, de l'ordre métaphysique où l'on va des causes aux effets. L'homme ne peut tout d'abord que commencer par lui-même, pour remonter de degré en degré jusqu'au principe premier de son être et de tout être. C'est quand il l'a ainsi trouvé qu'il peut redescendre en suivant l'ordre même des réalités. Quand Bossuet, se plaçant au point de vue métaphysique, veut énumérer, par ordre d'importance décroissante, les fondements de la société, il dit très bien : « Nous voyons dans la société humaine appuyée sur des fondements inébranlables : un même Dieu, un même objet, une même fin, un même intérêt, un besoin mutuel, tant pour les affaires que pour la douceur de la vie. » Mais au point de vue psychologique, qui est celui où se place Montesquieu, c'est l'ordre inverse qui s'impose. L'homme débute par le sentiment de ses besoins : il conçoit ensuite son intérêt, il raisonne sur sa fin et sur la fin des êtres semblables à lui; enfin la notion d'un seul Dieu couronne le tout.

pareil ne sentirait d'abord que sa faiblesse ; sa timidité serait extrême ; et si l'on avait là-dessus besoin de l'expérience, l'on a trouvé dans les forêts des hommes sauvages : tout les fait trembler, tout les fait fuir. Dans cet état, chacun se sent inférieur ; à peine chacun se sent-il égal. On ne chercherait donc point à s'attaquer, et la paix serait la première loi naturelle.

Le désir que Hobbes donne d'abord aux hommes de se subjuguer les uns les autres n'est pas raisonnable. L'idée de l'empire et de la domination est si composée, et dépend de tant d'autres idées, que ce ne serait pas celle qu'il aurait d'abord[1].

Hobbes demande pourquoi, si les hommes ne sont pas naturellement en état de guerre, ils vont toujours armés ; et pourquoi ils ont des clefs pour fermer leurs maisons. Mais on ne sent pas que l'on attribue aux hommes, avant l'établissement des sociétés, ce qui ne peut leur arriver qu'après cet établissement, qui leur fait trouver des motifs pour s'attaquer et pour se défendre.

Au sentiment de sa faiblesse, l'homme joindrait le sentiment de ses besoins : ainsi une autre loi naturelle serait celle qui lui inspirerait de chercher à se nourrir.

J'ai dit que la crainte porterait les hommes à se

---

1. Hobbes et aussi Rousseau croient que l'homme isolé, l'homme naturel (suivant eux) débute par un sentiment et par un usage également exagérés de sa propre force. Montesquieu croit qu'il débuterait plutôt par la faiblesse, ce qui est certainement plus vraisemblable.

fuir; mais les marques d'une crainte réciproque les engageraient bientôt à s'approcher[1], d'ailleurs ils y seraient portés par le plaisir qu'un animal sent à l'approche d'un animal de son espèce. De plus, ce charme que les deux sexes s'inspirent par leur différence augmenterait ce plaisir; et la prière naturelle qu'ils se font toujours l'un à l'autre serait une troisième loi.

Outre le sentiment que les hommes ont d'abord, ils parviennent encore à avoir des connaissances; ainsi ils ont un second lien que les autres animaux n'ont pas. Ils ont donc un nouveau motif de s'unir; et le désir de vivre en société est une quatrième loi naturelle[2].

CHAPITRE III

DES LOIS POSITIVES.

Sitôt que les hommes sont en société, ils perdent

1. Dans son analyse, pourtant si fine, Montesquieu oublie la nécessité d'une défense commune contre les éléments et contre les bêtes sauvages.

2. Donc, pour reprendre cet ordre psychologique, Montesquieu énumère et classe quatre lois naturelles, c'est-à-dire ayant pu régler la conduite de l'homme antérieurement aux lois positives de la société :

1° la peur qui (contrairement à l'hypothèse de Hobbes) doit inspirer la paix plutôt que la guerre. — 2° la recherche de la nourriture. — 3° l'attrait physique de l'homme pour l'homme, attrait accru par la loi des sexes. — 4° le désir de vivre en société (et par ce mot l'auteur entend une société, non plus seulement physique, mais intellectuelle).

le sentiment de leur faiblesse, l'égalité qui était entre eux cesse, et l'état de guerre commence[1].

Chaque société particulière vient à sentir sa force : ce qui produit un état de guerre de nation à nation. Les particuliers dans chaque société commencent à sentir leur force ; ils cherchent à tourner en leur faveur les principaux avantages de cette société, ce qui fait entre eux un état de guerre.

Ces deux sortes d'état de guerre font établir les

1. Ceci est encore plus condensé que ce qui précède « Sitôt que les hommes sont en société, ils perdent le sentiment de leur faiblesse. » — Isolé, ce membre de phrase devrait être interprété ainsi : « les hommes, se prêtant un mutuel appui contre le péril commun, perdent le sentiment de leur faiblesse et se sentent réconfortés. » Mais, nous l'avons vu au chapitre précédent, Montesquieu n'a point fait cette réflexion, qui eût cependant confirmé son raisonnement, qu'il n'était pas tant besoin de violenter la nature humaine pour lui faire accepter la société.

C'est à une autre interprétation que nous oblige la deuxième partie de l'alinéa : « les hommes une fois réunis en société, se comparent entre eux ; les uns découvrent qu'ils sont plus forts que les autres ; de là l'inégalité et de là la guerre. » Ceci n'est pas faux, mais a le tort d'être exclusif. Les plus faibles s'appliquent à gagner la protection des plus forts, ou s'ils sont plus intelligents qu'eux (ce qui arrive), ils se coalisent contre eux et imposent la paix. Il faut tenir compte de ces faits.

Certes, l'état de guerre est bien fréquent ; mais c'est vraiment trop simplifier les choses que d'y voir la loi naturelle, première, inévitable, universelle du genre humain. Le peu que nous savons aujourd'hui de l' « homme primitif » (sans donner, bien entendu à ce mot une valeur absolue), nous prouve qu'à côté de la violence il y eut aussi, et de très bonne heure, une certaine division du travail, de la pitié, du commerce... Quoique se séparant de Hobbes, Montesquieu fait peut-être à la tradition inaugurée par l'auteur du *De Cive* et du *Léviathan*, des concessions excessives.

lois parmi les hommes. Considérés comme habitants d'une si grande planète, qu'il est nécessaire qu'il y ait différents peuples, ils ont des lois dans le rapport que ces peuples ont entre eux : et c'est le droit des gens [1]. Considérés comme vivant dans une société qui doit être maintenue, ils ont des lois dans le rapport qu'ont ceux qui gouvernent avec ceux qui sont gouvernés; et c'est le droit politique. Ils en ont encore dans le rapport que tous les citoyens ont entre eux [2] : et c'est le droit civil.

Le droit des gens est naturellement fondé sur ce principe, que les diverses nations doivent se faire dans la paix le plus de bien, et dans la guerre, le moins de mal qu'il est possible, sans nuire à leurs véritables intérêts.

L'objet de la guerre, c'est la victoire; celui de la victoire, la conquête [3]; celui de la conquête, la conservation. De ce principe et du précédent doi-

---

1. On sait que ce mot *des gens* est la traduction trop littérale du mot latin *gentium*. Le droit des gens est le droit réglant les rapports des nations entre elles. C'est du moins le sens qui a prévalu. A une certaine époque, il désignait le droit universel, le droit commun à toutes les nations (ou pouvant l'être), par opposition au droit spécial des citoyens romains (*jus quiritium*).

2. Ont entre eux pour les différents actes de la vie humaine, mariage, vie de famille, travail, échanges, acquisition, donations, usage et transmission de la propriété, etc.

3. Tel est bien, en effet, le but le plus ordinaire, mais ce n'est pourtant pas le but unique. On se bat quelquefois pour empêcher un peuple d'en conquérir un autre dont on est voisin et qu'on tient à voir demeurer indépendant. Certaines guerres ont eu en vue des traités de commerce avantageux.

vent dériver toutes les lois qui forment le droit des gens.

Toutes les nations ont un droit des gens, et les Iroquois mêmes, qui mangent leurs prisonniers, en ont un. Ils envoient et reçoivent des ambassades, ils connaissent les droits de la guerre et de la paix : le mal est que ce droit des gens n'est pas fondé sur les vrais principes.

Outre le droit des gens, qui regarde toutes les sociétés, il y a un droit politique pour chacune. Une société ne saurait subsister sans un gouvernement [1]. « La réunion de toutes les forces particulières, « dit très bien Gravina [2], forme ce qu'on appelle « l'état politique. »

---

1. La proposition est incontestable; mais il ne serait pas superflu d'en donner les raisons essentielles.

Bossuet dit : « Il ne suffit pas que les hommes habitent la même contrée ou parlent la même langue, parce qu'étant devenus intraitables par la violence de leurs passions et incompatibles par leurs humeurs différentes, ils ne pouvaient être unis à moins de se soumettre tous ensemble à un même gouvernement qui les réglât tous. »

Ici encore, nous dirons : cette raison n'est que trop réelle, mais elle n'est pas la seule. Si accommodants et si unis que pussent être les membres d'une même société, ils auraient toujours eu besoin qu'un ou plusieurs d'entre eux fussent chargés de veiller aux intérêts communs, de les représenter au dehors, de recueillir des informations, de les transmettre, etc. Une ferme, une usine, une maison de commerce ont besoin d'un gouvernement, à plus forte raison une société aussi complexe qu'une nation, petite ou grande. On nous a trop habitués à ne voir dans le gouvernement qu'une force compressive de nos volontés individuelles, ce qui n'a pas peu contribué à développer en nous l'esprit d'opposition.

2 Gravina, jurisconsulte ita-

La force générale peut être placée entre les mains d'un seul, ou entre les mains de plusieurs. Quelques-uns ont pensé que, la nature ayant établi le pouvoir paternel, le gouvernement d'un seul était plus conforme à la nature. Mais l'exemple du pouvoir paternel ne prouve rien. Car si le pouvoir du père a du rapport au gouvernement d'un seul, après la mort du père, le pouvoir des frères, ou après la mort des frères, celui des cousins germains, ont du rapport au gouvernement de plusieurs. La puissance politique comprend nécessairement l'union de plusieurs familles [1].

Il vaut mieux dire que le gouvernement le plus conforme à la nature est celui dont la disposition particulière se rapporte mieux à la disposition du peuple pour lequel il est établi.

Les forces particulières ne peuvent se réunir sans que toutes les volontés se réunissent.

« La réunion de ces volontés, dit encore très bien « Gravina, est ce qu'on appelle l'état civil »; la loi, en général, est la raison humaine, en tant qu'elle gouverne tous les peuples de la terre; et les lois politiques et civiles de chaque nation ne doivent être que les cas particuliers où s'applique cette raison humaine [2].

lien, aujourd'hui assez oublié (1664-1714).

1. Cela est bien évident; et alors quel est le père de famille qui commanderait? Il faut nécessairement recourir à un autre principe qu'à celui de l'autorité paternelle ou même patriarcale.

2. Montesquieu répond ici au reproche qu'on pourrait être tenté de lui adresser, de pousser à des lois trop particulières et par conséquent opposées.

Elles doivent être tellement propres au peuple pour lequel elles sont faites, que c'est un très grand hasard si celles d'une nation peuvent convenir à une autre [1].

Il faut qu'elles se rapportent à la nature et au principe du gouvernement qui est établi, où qu'on veut établir, soit qu'elles le forment, comme font les lois politiques, soit qu'elles le maintiennent, comme font les lois civiles.

Elles doivent être relatives au physique du pays, au climat glacé, brûlant ou tempéré ; à la qualité du terrain, à sa situation, à sa grandeur, au genre de vie des peuples, laboureurs, chasseurs ou pasteurs : elles doivent se rapporter au degré de liberté que la constitution peut souffrir [2] ; à la religion des habitants, à leurs inclinations, à leurs richesses, à leur nombre, à leur commerce, à leurs mœurs, à leurs manières. Enfin, elles ont des rapports entre elles ; elles en ont avec leur origine, avec l'objet du législateur, avec l'ordre des choses sur lesquelles

1. Montesquieu a cependant bien vanté l'aptitude des Romains à s'approprier toutes les inventions utiles des autres peuples. — Un peuple, dira-t-on, peut-il s'approprier *les lois* d'un autre? — En fait, c'est ce qui a lieu, et de plus en plus, peut-on dire. Il y a à cela plusieurs raisons. 1° Les discussions et l'expérience font connaître beaucoup d'avantages — ou beaucoup d'inconvénients — qu'on ignorait ; 2° les peuples ont de plus en plus besoin les uns des autres : leurs échanges, non seulement de produits, mais d'idées, se multiplient ; 3° la fréquence même de leurs rapports appelle un droit international, soit public, soit privé. — Sous ces réserves, l'observation de Montesquieu vaut contre les imitations irréfléchies, qui sont fréquentes.

2. Mais ce degré de liberté, il n'est pas défendu de l'augmenter prudemment.

elles sont établies [1]. C'est dans toutes ces vues qu'il faut les considérer.

C'est ce que j'entreprends de faire dans cet ouvrage. J'examinerai tous ces rapports : ils forment tous ensemble ce qu'on appelle l'esprit des lois.

Je n'ai point séparé les lois politiques des civiles : car comme je ne traite point des lois, mais de l'esprit des lois, et que cet esprit consiste dans les divers rapports que les lois peuvent avoir avec diverses choses [2], j'ai dû moins suivre l'ordre naturel des lois que celui de ces rapports et de ces choses.

J'examinerai d'abord les rapports que les lois ont avec la nature et avec le principe de chaque gouvernement; et comme ce principe a sur les lois une suprême influence, je m'attacherai à le bien connaître; et si je puis une fois l'établir, on en verra couler les lois comme de leur source. Je passerai ensuite aux autres rapports qui semblent être plus particuliers [3].

1. Tout cela est très juste, à la condition de ne pas considérer ces éléments constitutifs de l'esprit d'une nation comme absolument immuables. Tout peut être amélioré, même la religion (quand elle est fausse); et alors les lois peuvent, doivent même être mises en harmonie avec les changements réalisés. Mais tout cela est accommodation graduelle et évolution, non révolution.

2. Ces « diverses choses » Montesquieu les a énumérées; ce sont le terrain, le climat, les productions, etc.

3. Comme, par exemple le *mode d'établissement* de la monarchie chez tel peuple, comme le mode d'établissement de la république chez tel autre, et ce qu'on appelle les conditions historiques, après les conditions climatériques, ethniques, etc.

JEAN-JACQUES ROUSSEAU

Jean-Jacques Rousseau naquit à Genève, le 28 juin 1712. Sa famille était originaire de Paris, mais avait quitté la France au seizième siècle après avoir embrassé la religion protestante. Sa mère était morte quelques mois après lui avoir donné le jour. Son père était horloger.

Comment ce père éleva-t-il son fils? Celui-ci nous l'a raconté dans ses *Confessions*.

« Je ne sais comment j'appris à lire ; je ne me souviens que de mes premières lectures et de leur effet sur moi. Ma mère avait laissé des romans; nous nous mîmes à les lire après souper, mon père et moi. Il n'était question d'abord que de m'exercer à la lecture par des livres amusants, mais bientôt l'intérêt devint si vif, que nous les lisions tour à tour sans relâche et passions les nuits à cette occupation. Nous ne pouvions jamais quitter qu'à la fin du volume. Quelquefois mon père, entendant le matin les hirondelles, disait tout honteux : « Allons nous coucher; je suis plus enfant que toi.

« En peu de temps j'acquis, par cette dangereuse méthode, non seulement une extrême facilité à lire et à m'entendre, mais une intelligence unique à mon âge sur les passions. Je n'avais aucune idée des choses, que tous les sentiments m'étaient déjà connus. Je n'avais rien conçu, j'avais tout senti. Ces émotions confuses, que j'éprouvais coup sur coup n'altérèrent point la raison que je n'avais pas encore ; mais elles m'en formèrent d'une autre trempe et me donnèrent de la vie humaine des notions bizarres et romanesques, dont l'expérience et la réflexion n'ont jamais pu me guérir. »

Bien des jeunes gens pourraient faire leur profit de ce sincère et franc aveu. Avec un peu plus d'emphase, Rousseau passe à ses secondes lectures, et voici ce qu'il en dit : « Plutarque surtout devint ma lecture favorite. Le plaisir que je prenais à le relire sans cesse me guérit un peu des romans ; et je préférai bientôt Agésilas, Brutus, Aristide à Orondate, Artamène et Juba. De ces intéressantes lectures, des entretiens qu'elles occasionnaient entre mon père et moi, se forma cet esprit libre et républicain, ce caractère indomptable et fier et impatient de joug et de servitude qui m'a tourmenté tout le temps de ma vie dans les situations les moins propres à lui donner l'essor. Sans cesse occupé de Rome et d'Athènes, vivant pour ainsi dire avec leurs grands hommes, né moi-même citoyen d'une république, et fils d'un père dont l'amour de la patrie était la plus forte passion, je m'en enflammais à son exemple ; je me croyais Grec ou Romain, je devenais le personnage dont je lisais la vie : le récit des traits de constance et d'intrépidité qui m'avaient frappé me rendait les yeux étincelants et la voix forte. Un jour que je racontais à table l'aventure de Scévola, on fut effrayé de me voir avancer et tenir la main sur un réchaud pour représenter son action. »

Ainsi, liberté des sens et liberté d'imagination, sentimentalité romanesque, enthousiasme généreux, mais sans critique, pour les républiques de l'antiquité, telles furent les premiers éléments avec lesquels commença de se former le génie de Rousseau.

Il avait dix ans, quand il se sépara de son père qui avait

été forcé de s'expatrier. Il vécut tour à tour chez un pasteur, où se développa son goût pour la nature champêtre que son père lui avait déjà inculqué — puis chez un ingénieur de Genève — puis chez un greffier — puis chez un graveur, sans oublier un comte dont il fut le domestique. A travers tous ces apprentissages, il contractait — c'est encore par lui que nous le savons, — plus de vices (et quels vices!) que de vertus.

Il fit un plus long séjour — d'environ huit ans, mais coupé par une forte et vile escapade, en compagnie d'un vaurien, — aux Charmettes, près de Chambéry, chez Mme de Warens. C'était une jeune veuve, récemment passée du protestantisme au catholicisme et qui, on peut le dire sans vain jeu de mots, convertit et pervertit successivement son protégé. Elle le convertit, superficiellement et pour un temps, au catholicisme, mais elle le pervertit plus à fond, comme il l'a raconté lui-même en détail dans ses Confessions. C'est là cependant qu'il apprit le latin et fit, à bâtons rompus, des études de toute sorte, entremêlées de travaux de campagne. C'est à cette époque qu'il étudia en particulier les philosophes. Il nous initie aux méthodes qu'il suivit et dont l'une, celle qui triompha, nous éclaire sur ses habitudes d'esprit. Il voulut d'abord essayer de Locke, Descartes, Malebranche, Leibniz. Mais dit-il, « je me brouillais la tête et je n'avançais point. Enfin, renonçant à cette méthode, j'en pris une infiniment meilleure... En lisant chaque auteur, je me fis une loi d'adopter et suivre toutes ses idées sans y mêler les miennes ou celles d'un autre et sans jamais discuter avec lui. Je me dis : commençons par nous faire un magasin d'idées vraies ou fausses... Cette méthode n'est pas sans inconvénients, je le sais; mais elle m'a réussi dans l'objet de m'instruire. »

Elle lui réussit aussi, et même trop, à lui donner l'habitude d'être tout à l'idée, vraie ou fausse, qui le captive, comme il avait été tout au système de l'un, puis tout au système de l'autre philosophe. Mettons à part deux ou trois conceptions, plus littéraires que scientifiques, plus imprégnées d'imagination et de sensibilité que de raison, (nous le verrons tout à l'heure); il lui arrive plus d'une fois de mettre sa dialectique qui est séduisante et sa passion qui est entraînante, au service d'une thèse, puis d'une autre, passant aisément d'une confiance enthousiaste et même indiscrète à une défiance hypocondriaque, vantant toutes les vertus, se figurant sincèrement qu'il les aime et descendant à mille turpitudes, prêchant avec une incomparable éloquence le dévouement des mères à leurs enfants et mettant les siens à l'hôpital.

Mais reprenons la suite de sa vie.

A vingt-neuf ans, il venait à Paris sans autres ressources qu'un système de notation musicale chiffrée de son invention, dont il espérait tirer, sinon une fortune (il ne tint jamais à l'argent comme Voltaire) au moins de quoi vivre. Il n'en obtint pas grand'chose, car l'Académie des sciences condamna l'idée. Il chercha dès lors des emplois, trouva successivement deux postes, assez peu rétribués, de secrétaire, parvint à faire représenter un opéra, copia de la musique pour les éditeurs et finalement — ce fut là le moment décisif de sa carrière — fit la connaissance des hommes de l'Encyclopédie, en particulier de Diderot, qui lui confia les articles de musique.

Tout le monde sait que ce fut ce même Diderot qui fut l'occasion de son premier succès littéraire. Allant le voir à Vincennes où il était emprisonné pour l'un de ses écrits, Rousseau lui avait parlé d'un sujet mis au concours par l'Académie de Dijon : *Si le rétablissement des lettres et des arts a contribué à épurer les mœurs.* Diderot lui conseilla nettement de répondre par la négative, en lui représentant que l'autre solution était « le pont aux ânes ». Rousseau se laissa persuader, il imagina et crayonna sa fameuse prosopopée de Fabricius, composa ensuite le reste dans le même ton et le fit avec tant de talent qu'il remporta le prix.

On a dit souvent que le succès obtenu pour cette théorie improvisée contre les lettres et les arts, c'est-à-dire contre la civilisation, avait décidé de toute la carrière littéraire et philosophique de Rousseau. Il ne faut rien exagérer. Il est certain que la suggestion de Diderot dut trouver son ami bien préparé par la tournure de ses idées, par la liberté de sa vie errante, par ses goûts bizarres et quelque peu dépravés, par la défiance que lui inspirait à l'égard de la société son grand orgueil ennuyé de sa propre gaucherie. D'autre part, son enthousiasme pour l'homme de la nature n'était pas pour tant l'isoler des penseurs de son époque : Fénelon avait propagé l'idée de l'innocence primitive et de « l'aimable simplicité du monde naissant »; Vauvenargues avec ses maximes, Bernardin de Saint-Pierre avec ses peintures, avaient accentué le mouvement. Puis étaient venus les missionnaires avec leurs « lettres édifiantes » si lues (Montesquieu les cite souvent) : non seulement ils se plaisent à vanter les solitudes majestueuses, mélancoliques du nouveau monde; mais dans l'illusion d'un premier contact et dans le feu de la charité apostolique[1] ils opposent avec bien de la complaisance les quelques vertus rustiques de leurs sauvages aux excès de notre civilisation fatiguée. Avec la magie de son style et son art absolument neuf de décrire la vraie et libre nature, Jean-Jacques ouvrit à un monde ennuyé de lui-même des sources d'émotions inconnues; tandis que les amis obstinés des raffinements des salons le traitèrent

1. Voyez notre livre, *le Socialisme chrétien*, ch. III.

d'ours difficile à apprivoiser, toute une autre partie de la société française l'encouragea en lui prodiguant des marques très variées d'enthousiasme ou tout au moins de curiosité flatteuse.

Ainsi, encore une fois, le coup de foudre de Vincennes tombait sur des matériaux bien inflammables et bien aisés à entretenir. Toutefois il est certain que ce premier succès, s'il ne tira pas du néant les principes de Rousseau, les poussa tout de suite, en théorie, à une extrémité de conclusions touchant à l'absurde et dont, malgré tout son génie, il lui fut impossible de revenir.

Sorti de son obscurité, il put faire représenter, avec un très grand succès, son opéra *Le Devin du village*. Il en fut sans doute fort satisfait; mais il crut bon d'en profiter pour étaler la bizarrerie de ses manières et la négligence de son costume, puis pour entamer des polémiques qui lui valurent des ennemis ardents.

Bientôt, en 1755, il écrivit son discours sur l'*origine de l'inégalité des conditions*. C'était encore une question mise au concours par l'Académie de Dijon qui demandait si cette inégalité était « autorisée par la loi naturelle ». Cette fois il ne remporta pas le prix [1]; mais le discours n'en fit pas moins de bruit. Plus encore que dans le discours sur les lettres et les arts, il y attaquait de front la société et toutes ses institutions, à commencer par la propriété.

« Le premier qui, ayant enclos un terrain, s'avisa de dire *ceci est à moi*, et trouva des gens assez simples pour le croire, fut le vrai fondateur de la société civile. Que de crimes, de guerres, de meurtres, que de misères et d'horreurs n'eût point épargnés au genre humain celui qui, arrachant les pieux ou comblant le fossé, eût crié à ses semblables : « Gardez-vous d'écouter cet imposteur; vous

---

1. Il fut décerné à un certain abbé Talbert.

êtes perdus si vous oubliez que les fruits sont à tous et que la terre n'est à personne. »

On peut dire que la *Lettre à d'Alembert sur les spectacles* ne fit que continuer la série. En s'attaquant à la séduction du théâtre, Rousseau paraissait prendre la défense de la moralité. Mais outre qu'il s'était en quelque sorte engagé à combattre partout les arts, on sait qu'un des plus gros griefs qu'il avait contre Molière était que celui-ci avait rendu ridicule la bonté et la simplicité de la vertu... du misanthrope. C'était donc comme une querelle personnelle qu'il faisait à notre grand comique. Quant à son zèle pour la « vertu », il était assaisonné de mœurs singulières. Enfoncé déjà dans une liaison indigne de lui avec une femme qu'il n'épousa que onze ans plus tard et dont il ne voulut jamais élever les enfants, il accepta l'hospitalité de Mme d'Épinay, à l'Ermitage, près de la forêt de Montmorency. Là il se prit d'une passion violente pour Mme d'Houdetot, la belle-sœur de sa bienfaitrice. Ce fut sous l'impression prolongée de cette passion qu'il écrivit *la Nouvelle Héloïse*, roman par lettres, rempli de pages à détacher, mais impossible à lire de suite sans un ennui profond.

Le succès retentissant de cet ouvrage ne le rendit pas plus heureux. Les défiances, les jalousies, les inimitiés, les craintes de persécution, les querelles empoisonnèrent de plus en plus son existence. Brouillé avec Mme d'Épinay, il obtint pendant quelque temps la protection de hauts personnages, tels que le Maréchal de Luxembourg et M. de Malesherbes. Toujours en lutte contre la société, il paraissait cependant vouloir s'en accommoder : car il projetait de la réformer par l'éducation, puis par la politique et par les lois. Dans la même année 1562 il publia l'*Émile* et le *Contrat social*.

L'*Émile* était, sous une forme de roman, analogue à la

Cyropédie et au *Télémaque*, un traité complet d'éducation, d'éducation selon la nature. Toutes les « entraves », depuis celles du maillot jusqu'à celles des traditions et des dogmes étaient supprimées. Mais, ainsi qu'on l'a dit, « c'est là une chimère que, par une contradiction flagrante, le précepteur d'Émile abandonne presque constamment dans la pratique. Préoccupé de l'enseignement que chaque événement de la vie peut contenir, sa prévoyance assidue dispose autour de son élève tous les accidents, toutes les rencontres, pour en faire sortir une notion scientifique ou une leçon morale; il n'est lui-même qu'un instrument de transmission des influences sociales; seulement il les transmet à point voulu et dans une mesure savamment calculée pour les convenances du système [1]. » — L'ouvrage se terminait par la *Profession de foi d'un vicaire savoyard*, fragment d'un style admirable, mais qui lui valut de nouvelles persécutions; car, défenseur convaincu du spiritualisme et du déisme, il y attaquait les philosophes matérialistes de son temps; et d'autre part, pour se faire pardonner certaines faiblesses, le gouvernement l'accusa de trop pactiser avec la religion naturelle en se contentant d'un éloge fort éloquent, mais vague, de la religion de l'Évangile.

Le *Contrat social*, dont nous aurons à parler plus amplement, était un fragment détaché d'un grand ouvrage qu'il renonça, dit-il, à publier, et qui devait être intitulé : *Des institutions politiques*. Bientôt *les vues sur le gouvernement de Pologne* parurent compléter et, à beaucoup d'égards, rectifier, par bon nombre de passages, les idées du *Contrat social*. Mais enfin Rousseau ne tarda point à abandonner le labyrinthe de sa politique. Il ouvrit de nouveau ses

1. Extrait d'un livre intitulé : *Jean-Jacques Rousseau jugé par les Français d'aujourd'hui.*

sens, son imagination, son cœur à l'attrait de la nature. La mélancolie l'envahissait; si son entendement s'en trouvait troublé, sans aller cependant, comme quelques-uns l'ont cru, jusqu'à la folie [1], son talent d'écrivain regagnait tout ce que perdaient en lui l'esprit de sophisme et l'âpreté de la passion. Il termina ainsi sa vie littéraire par les *Confessions* [2] et par les *Rêveries d'un promeneur solitaire;* les Confessions, livre étonnant où, sans avoir l'excuse du repentir, il met son orgueil à ne rien dissimuler de ce qu'il trouve dans son passé de ridicule, de honteux et de criminel; où un art incomparable de description et d'analyse accroit encore le danger d'une séduction malsaine que peut seule atténuer — pour quelques-uns — le cynisme des aveux; les *Rêveries d'un promeneur solitaire,* où nous avons à faire deux parts : l'une, pour cette même poésie de la nature que Chateaubriand devait perpétuer parmi nous; l'autre, pour une profession de foi philosophique où il persistait à se contenter d'une sorte de religion du cœur, mais où il mettait en dehors de toute discussion métaphysique un petit nombre de principes très fortement imprégnés de l'idée spiritualiste.

Telle fut l'existence incohérente, et plus triste encore que brillante, de Jean-Jacques Rousseau. Comment d'une agitation si douloureuse et d'une moralité toujours si trouble put-il sortir une personnalité si puissante? Ce serait là un problème fort difficile et presque inquiétant, si nous étions obligés de croire qu'il suffit d'avoir du génie pour mériter de servir de modèle et de guide à l'humanité. La littérature vit beaucoup d'imagination, et l'imagination de Rousseau, servie par une possession sûre, par un maniement souple de toutes les ressources de notre langue,

1. J'ai examiné cette question dans un article de la *Revue philosophique* de juillet 1890 : *La folie de J.-J. Rousseau.*
2. Elles ne parurent qu'après sa mort en 1782.

avait le don magique de préciser, de colorer, d'animer les scènes de la nature sans y rien tolérer de factice et de convenu. Ridicule, insupportable et finalement malheureux avec les hommes, c'était dans la nature qu'il trouvait sa consolation et la meilleure source de son talent.

On dira : est-il possible d'avoir tant de talent et de génie sans rien dire de vrai? Non, en effet, ce n'est pas possible. Mais outre cette vérité dans la vue des beautés rustiques, qui fait de lui un peintre incomparable, Rousseau a émis plus d'une idée profonde. Il a réagi contre tout ce que la société du dix-huitième siècle avait de raffiné, de prétentieux, d'abusif; il a exprimé avec une éloquence entraînante l'aspiration de toute une partie de cette même société à la suppression des injustices, à la destruction de l'arbitraire, à une répartition plus équitable des charges sociales, bref à un régime plus rationnel. Seulement, comme beaucoup de ceux qui mêlent les erreurs aux vérités, il a eu ce malheur, que ce ne sont peut-être pas ses vérités qui ont eu le plus de retentissement et le plus d'action. S'il eût vu les crimes de la Convention et de la Terreur, son penchant à la pitié l'eût amené à confesser que pour régénérer les sociétés il faut plus que des intentions, plus que des théories, plus que de l'imagination et de l'éloquence; qu'il y faut surtout du bon sens, de l'application à bien voir et à bien comprendre les faits, une connaissance vraie des causes de la corruption de notre nature et des conditions de sa régénération, enfin un amour de l'humanité où il n'entre ni tant de sensualité ni tant d'orgueil qu'en avaient ainsi que lui, la plupart des philosophes ses contemporains.

La destination de ce petit volume nous oblige à revenir maintenant sur les idées politiques de Rousseau.

On s'était toujours entendu pour chercher dans le *Discours sur l'inégalité des conditions* les origines du *Contrat social* et pour dire que la pensée de Rousseau avait passé graduellement de l'un à l'autre. Mais alors que la plupart des critiques ont trouvé qu'il y avait du premier au second une suite logique, quelques-uns[1] ont prétendu que l'auteur avait complètement abandonné et, qui plus est, renversé, dans le second, la théorie qu'il avait soutenue dans le premier. Ceci vaut la peine d'être examiné.

Dans le *Discours*, Rousseau défend la thèse suivante : L'inégalité ne vient pas de la nature, elle vient de la société; car dans l'état naturel — que nous ne connaissons à la vérité pas, sur lequel nous n'avons aucun renseignement positif, mais que nous pouvons conjecturer d'après notre connaissance de nous-même — l'inégalité n'existait pas. Du reste, rien d'imparfait n'y existait : l'homme y était bon, il y était sain, il y était fort, il y était libre, il y était heureux. La société a tout gâté. C'est elle qui a amené la culture des terres; de celle-ci a découlé la propriété individuelle, à la suite de laquelle est venue la diversité des efforts, de l'adresse, des talents : l'inégalité était dès lors véritable, celle que nous voyons n'est qu'un des résultats et l'un des signes de cette corruption factice.

Dans le *Contrat*, il semble que l'on ait devant soi une théorie opposée. C'est la constitution d'une communauté par la renonciation de chacun à sa liberté propre qui seule peut assurer à l'humanité. avec un gouvernement et des lois, l'ordre, la paix, la liberté, finalement le bonheur — dans la mesure désormais possible. Autrefois,

---

1. Dont Mr Espinas, dans des articles de la *Revue de l'enseignement supérieur*, 1895.

la société était accusée de nous avoir fait sortir, pour notre malheur, d'un état de nature où tout était bon. Maintenant on nous dit que c'est la constitution de l'État qui fait la liberté de ses membres et que « la remarque suivante doit servir de base à tout le système social : au lieu de détruire l'égalité naturelle, le pacte fondamental substitue au contraire une égalité morale et légitime à ce que la nature avait pu mettre d'inégalité physique entre les hommes, et pouvant être inégaux en force ou en génie, ils deviennent tous égaux par convention de droit »[1].

Que comprendre, a-t-on dit, à une substitution aussi radicale, à un aussi complet renversement?

Certes, les contradictions, répondrons-nous, ne manquent pas dans Rousseau ; mais encore faut-il les voir là où elles sont. Or, ici on oublie une idée intermédiaire qui a aidé Rousseau à passer du *Discours* au *Contrat*. A chaque instant il distingue deux états de nature : l'un, qui a été véritablement le premier, le vrai, le bon, le pur ; l'autre qui est le second état, celui dans lequel les hommes, malheureusement sortis de leur solitude primitive, ne connaissaient pas encore les lois et l'organisation sociale. Les hommes se sont rapprochés et mêlés ; cette société rudimentaire, déjà gâtée par l'inégalité naissante, ne fit que multiplier les conflits avec les contacts. Ce fut l'état de guerre, et, pour en sortir, il fallait une convention. C'est cette convention ou ce contrat, créateur de la société civile, qu'il s'agit de nous expliquer.

Cette distinction entre les deux états de nature, elle était déjà dans le discours sur l'inégalité. Il est même impossible d'être plus explicite et plus clair que l'a été Rousseau sur ce point.

« Il faut remarquer que la société commencée et les re-

1. *Contrat social*, fin du l. I.

lations déjà établies entre les hommes exigeaient d'eux des qualités différentes de celles qu'ils tenaient de leur *constitution primitive*, que la moralité[1] commençant à s'introduire dans les actions humaines, et chacun, avant les lois, étant seul juge et vengeur des offenses qu'il avait reçues, la bonté convenable au *pur état de nature* n'était plus celle qui convenait à la société naissante. » — Et encore : « C'est ici que tout se ramène à la seule loi du plus fort et par conséquent à un *nouvel état de nature différent de celui par lequel nous avons commencé*, en ce que l'un était l'état de nature dans sa pureté et que le dernier est le fruit d'un excès de corruption... »

Par ces citations dont le sens est clair, on voit quel est le rapport et quelles sont les différences de la théorie de Rousseau avec les théories analogues, celle de Hobbes, par exemple. Celui-ci ne distingue que deux états : un état de nature où les hommes ne connaissent que leurs appétits, qui les mettent nécessairement en guerre les uns avec les autres, et un état social constitué par l'abandon complet que chaque particulier fait de lui-même à l'autorité souveraine. Anarchie d'un côté, absolutisme de l'autre, et point de milieu.

Si l'on prend la majeure partie du *Contrat social*, sans s'éclairer suffisamment par la comparaison des textes antérieurs[2], on est souvent tenté de croire que telle est

---

1. Qu'on ne se hâte pas trop de prendre ce mot dans un sens absolument favorable. Rousseau entend par là les distinctions morales du bien et du mal — qui, dans l'innocence du premier âge, étaient inconnues.

2. Le manuscrit du *Contrat social* dit *manuscrit de Genève*, est également utile à consulter. On y lit, par exemple, ces passages qui, quoique non conservés dans la rédaction définitive, sont cependant bien conformes à toute la suite des idées de l'auteur; « L'erreur de Hobbes n'est donc pas d'avoir établi l'état de guerre entre les hommes indépendants et

aussi la théorie de Jean-Jacques; mais il est impossible de soutenir sérieusement qu'il ait jamais sacrifié son utopie de la bonté originelle de l'homme.

L'état de nature de Hobbes, cet état où *l'homme est un loup pour l'homme*, n'est, encore une fois, pour notre auteur qu'un état second, où nos ancêtres se sont précipités par l'abandon de l'innocence primitive. L'état premier n'existe donc plus, et la généralité de l'espèce humaine ne peut plus y retourner. Rousseau cependant l'a-t-il oublié? L'a-t-il banni de ses souvenirs? Ne lui laisse-t-il plus aucune place et aucune rôle dans l'ensemble de ses théories? Gardons-nous de le croire. Toutes ces constructions artificielles de constitutions et de lois l'intéressent sans doute : d'abord il en est l'auteur, puis il y voit sincèrement une nécessité au moins relative. Mais sur elles toutes plane le discrédit qu'il attache à la civilisation. On ne le sent pas toujours; mais de temps à autre l'auteur dévoile le fond de sa pensée, et il déclare que ces constitutions mêmes, il les « méprise ». Bien plus, cet état de Contrat, dont il se fait le législateur, il ne le met pas seulement au-dessous de l'état premier de bonne sauvagerie, il le juge quelquefois inférieur même à l'état second. C'est parce que l'homme n'a pas cessé de perdre, en passant du

devenus sociables [c'est l'état second de Rousseau], mais d'avoir supposé un état naturel à l'espèce [dans son état premier] et de l'avoir donné pour cause aux vices, dont il est l'effet. » Ces vices sont ceux qui ont coïncidé avec l'abandon de l'état premier.

Dans ce même manuscrit, Rousseau décrivait ainsi cet état de transition : « Nos besoins nous rapprochent à mesure que nos passions nous divisent, et plus nous devenons ennemis de nos semblables, moins nous pouvons nous passer d'eux. De ce nouvel ordre de choses naissent des multitudes de rapports sans mesure, sans règle, sans consistance, que les hommes altèrent et changent continuellement. »

1. Voyez *Discours sur l'inégalité*, note h.

premier état au second et du second au troisième, que,
dans le dernier il a été nécessaire de prévenir l'accéléra-
tion de la décadence par un régime où l'homme aliène
au profit des lois cette liberté qu'il a laissé dégénérer.
Sans doute, quand on perd de vue les habitudes d'esprit
de Rousseau et la séduction qu'exerçait sur lui sa propre
imagination, il est difficile de lire *séparément* la description de l'un ou l'autre de ces trois états, qu'il lui arrive
d'appeler l'enfance, la jeunesse, l'âge adulte de l'humanité,
sans se figurer que c'est celui dont il parle pour le moment qui est la forme supérieure de la vie de l'humanité[1]. Mais quand on rapproche les textes et qu'on suit
tous les retours de la pensée de Rousseau sur elle-même,
il devient tout à fait évident qu'à ses yeux la décadence
a été continuelle du premier état au deuxième et du
deuxième au troisième.

Voyons maintenant d'un peu plus près ce qu'il dit de
chacun d'eux et ce qu'il y a lieu d'en penser ou avec ou
contre lui. Cet examen, même sommaire, nous permettra
de mieux juger l'ensemble de ses idées.

D'abord l'état de pure nature. Remarquons bien que
selon notre auteur il s'agit là d'une simple supposition et,
pour ainsi dire, d'un roman tout au plus vraisemblable.
Chercher des faits, il n'y faut même pas songer; et Rousseau en donne une raison qui ne laisse pas que d'être
ingénieuse, d'accord avec sa doctrine et tout à fait de nature

---

1. Il a souvent peint sous de noires couleurs l'état second,
d'où l'humanité, suivant lui, ne peut sortir que par le Contrat.
Et néanmoins voici ce qu'il en a dit : « Lorsque les hommes
furent devenus moins endurants et que la pitié naturelle eut
déjà souffert, cette période du développement des facultés humaines, tenant un juste milieu entre l'indolence de l'état primitif et la pétulante activité de notre amour-propre, dut
être l'*époque la plus heureuse* etc... (*Discours sur l'inégalité*.)

à le tirer d'embarras. Aussitôt, dit-il, que l'homme est entré dans l'histoire, il est sorti de l'état de nature. Autrement dit, dès que nous avons des documents, l'homme naturel a disparu : il est donc contradictoire d'espérer que celui-ci ait laissé des traces quelconques. Les sauvages rencontrés par les explorateurs et les missionnaires étaient eux-mêmes à l'état second.

Quoi qu'il en soit, Rousseau affirme que dans l'état premier l'homme était parfait, et il ne craint pas que les faits le démentent, puisqu'il déclare qu'il est impossible qu'on en trouve. Mais on ne peut faire autrement que de lui poser cette question : si dans cet état l'homme était si bon et surtout si heureux, comment expliquer qu'il en soit sorti?

Ce n'est point là d'ailleurs la seule contradiction du grand sophiste. Il veut que ces premiers hommes aient été vigoureux, sains, vivant en paix avec les animaux : ils ont donc dû pulluler rapidement et remplir la terre. Alors comment comprendre qu'ils aient pu vivre à l'état d'isolement pendant des suites d'années incalculables?

Enfin il veut que cet homme ait été bon, sensible à la pitié, sensible à l'amour, et il ne veut pas qu'il se soit tout de suite appliqué à constituer des liens de famille; il ne le veut pas, parce qu'il voit bien que la société proprement dite en serait sortie tout de suite. Il a senti parfaitement la difficulté de son système, mais il n'a rien fait pour la lever.

Passons cependant condamnation : par des accidents malheureux (restés inexplicables) les hommes se trouvent trop rapprochés pour pouvoir s'éviter, mais ils se rencontrent et s'associent un peu au hasard; l'état des sauvages, nous dit Rousseau, nous donne une idée assez exacte de cette période de jeunesse. Mais que s'y passe-t-il suivant lui? Il prétend que le premier pas vers les abus

de la civilisation a été la culture des terres, d'où a suivi
nécessairement leur partage, et que de la propriété individuelle une fois reconnue sortirent des règles de justice, sans doute, mais aussi des contestations, des procès,
bref un régime où le plus adroit, le plus fort et le plus
riche ont trouvé facilement les moyens d'opprimer les
autres. Prenons que la culture des terres, que l'établissement de la propriété individuelle, que l'institution de
la justice, — toutes choses qui ne sont que l'effet de l'intelligence des hommes et le signe des destinées de leur
espèce, — aient été des accidents malheureux. Rousseau se
trompe en croyant que la propriété suppose nécessairement la culture des terres. On a trouvé des peuplades,
et en grand nombre, qui se partageaient dés territoires
pour la chasse ou pour le pâturage, comme d'autres se
partageaient les rivages et les eaux pour la pêche. La
culture du sol n'entraîne pas non plus inévitablement la
propriété strictement individuelle, puisqu'il y a encore
aujourd'hui, en Russie, des territoires où le sol de la
commune est propriété collective. L'homme obéit partout
à deux penchants : l'un qui porte l'individu à son bien
propre, au souci de son indépendance, à l'affermissement
de sa liberté et de sa supériorité personnelle ; l'autre qui
pousse les hommes à se rapprocher, à combiner leurs efforts, à mettre en commun une grande partie de leurs résultats pour mieux assurer la prospérité commune. Ces deux
tendances sont aussi naturelles l'une que l'autre, et il est
impossible, soit de trouver, soit de concevoir une époque
où l'homme ne les éprouvât pas toutes les deux ; car
sans elles l'homme ne serait plus l'homme. Il serait de
plus facile de montrer que, loin de tendre à se sup-
planter réciproquement, elles s'accordent au point que
ni l'individu ne saurait se développer sans une union
intime avec tous les membres du corps social, ni le

corps social se développer normalement sans le respect de la liberté des individus. Individualité et sociabilité ne sont pas en raison inverse, mais en raison directe l'une de l'autre. La proportion de chaque élément est affaire de temps, de lieu, de circonstance. Mais que l'on considère les deux extrémités de la vie sociale, chez les peuples sauvages et dans les nations les plus civilisées de l'Europe ou de l'Amérique! Chez les premiers, les bienfaits de la société sont aussi restreints que le lien social est peu solide : la force de l'individu est également très réduite, et ce n'est pas une certaine agilité corporelle ou l'acuité d'un ou deux sens qui sont de nature à faire illusion; car ni l'aptitude à la résistance ni l'énergie active ne sont là ce que Rousseau se plaisait à imaginer. Chez les seconds, le fond social des idées, des richesses, des moyens d'action de toute nature est en quelque sorte inépuisable, et cependant l'individu revendique et obtient une liberté croissante de penser, de travailler, de posséder, de s'associer comme il l'entend.

Est-il besoin pour cela d'une convention, d'un pacte, d'un contrat ? Nous arrivons au troisième état de Rousseau.

Il ne faut pas ici de dispute de mots. Les hommes étant des êtres intelligents et libres, leur entente et par conséquent leur société doit être elle-même intelligente et libre. Entre la société toute naturelle, instinctive, involontaire et forcée de certaines espèces animales et la société tout artificielle que rêvent Hobbes et Rousseau, il y a place pour la véritable société *humaine*, qui est à la fois naturelle et — non pas artificielle, — mais raisonnée et donnant lieu à une variété indéfinie de contrats. Nous n'avons pas eu, il est vrai, à passer de contrat pour reconnaître que nous avions besoin les uns des autres, pas conclu de contrat pour être certains que nul ne doit faire à autrui ce qu'il ne voudrait pas qui lui fût fait. Quand nous rédigeons entre nous des conventions, ce n'est pas pour inventer, pour créer des droits fondamentaux, c'est pour les sanctionner, les protéger et en régler l'accord dans la pratique.

Parmi toutes les formes contractuelles que la vie sociale est appelée à revêtir, se trouve l'organisation dite politique, celle qui donne aux différentes fractions de la société humaine des gouvernements et des lois. Ici, on ne peut le nier, la part du contrat va en s'élargissant à mesure que la civilisation se développe. Il n'est plus guère aujourd'hui de *constitutions* qui ne soient le résultat d'une entente d'après laquelle le chef même du pouvoir jure fidélité aux lois. Sans doute, avant l'établissement de ces constitutions, il y avait pour toute nation, non seulement utilité, mais nécessité de respecter jusqu'aux dernières limites du possible son gouvernement de fait, parce que l'anarchie eût été encore pire que le pouvoir absolu. Ce n'en est pas moins un progrès que de substituer à un état de fait un état contractuel; à la condition cependant que le contrat ne remette pas tout en question et que, loin de prétendre à y créer artificiellement le droit et la justice, on s'applique à y dégager, à y définir, à y garantir une justice réelle, un droit fondé sur la nature des choses et sur la volonté de leur auteur.

En résumé, Jean-Jacques Rousseau a commis deux erreurs capitales et dangereuses quand il a soutenu :

1º Que l'homme est né bon et que pour rester bon ou le redevenir il lui suffit de s'abandonner à lui-même.

2º Que s'il est impossible pratiquement de revenir à cette liberté originelle, il faut que le souverain et le législateur créent artificiellement une société dans laquelle sera juste ce qu'ils auront déclaré être juste.

Certes, on peut soutenir que ces deux propositions ne s'accordent pas très bien l'une avec l'autre et qu'après avoir exagéré la liberté due à l'homme de la nature, Rous-

seau exagère non moins la servitude obligée de l'homme
social. Mais il est à remarquer que ces deux faux dogmes
ont été tour à tour ou presque simultanément adoptés,
proclamés, et, dans une mesure beaucoup trop grande,
appliqués bon gré mal gré sous l'influence des sophismes
de Rousseau. C'est pourquoi, dans toutes les crises nées
de notre révolution, nous avons autant souffert des excès
de l'esprit d'émancipation et de révolte que des excès du
despotisme collectif[1].

1. Pour établir notre texte comme pour assurer les rappro-
chements qu'on vient de lire, nous avons consulté la grande
et belle édition donnée par M. Dreyfus-Brisac *Du Contrat social, édition comprenant avec le texte définitif les ver-
sions primitives de l'ouvrage collationnées sur les manus-
crits autographes de Genève et de Neuchâtel.* Paris, Alcan
1896. Sans partager pour les idées de Rousseau l'admiration
de M. Dreyfus-Brisac, nous rendons bien volontiers hommage à
la valeur de cette précieuse édition.

DU CONTRAT SOCIAL

OU

PRINCIPES DU DROIT POLITIQUE

LIVRE PREMIER

Je veux chercher si, dans l'ordre civil[1], il peut y avoir quelque règle d'administration légitime et sûre, en prenant les hommes tels qu'ils sont[2] et les lois telles qu'elles peuvent être. Je tâcherai d'allier toujours dans cette recherche ce que le droit permet avec ce que l'intérêt prescrit, afin que la justice et l'utilité ne se trouvent point divisées.

J'entre en matière sans prouver l'importance de mon sujet. On me demandera si je suis prince ou législateur, pour écrire sur la politique. Je réponds que non, et que c'est pour cela que j'écris sur la

1. C'est-à-dire chez les hommes réunis et organisés en société.
2. Rousseau veut dire ici sans aucun doute : tels qu'ils sont *actuellement*, après être sortis de l'état primitif où ils auraient dû rester, selon lui.

politique. Si j'étais prince ou législateur, je ne perdrais pas mon temps à dire ce qu'il faut faire; je le ferais [1] ou je me tairais.

Né citoyen d'un État libre [2] et membre du souverain, quelque faible influence que puisse avoir ma voix dans les affaires publiques, le droit d'y voter suffit pour m'imposer le devoir de m'en instruire : heureux, toutes les fois que je médite sur les gouvernements, de trouver toujours dans mes recherches de nouvelles raisons d'aimer celui de mon pays !

I. — Sujet de ce premier livre.

L'homme est né libre, et partout il est dans les fers [3]. Tel se croit le maître des autres qui ne laisse

1. Le ferait-il sans même prendre la peine de s'expliquer? C'est bien là en effet le rêve des utopistes.

2. De l'État de Genève, auquel Rousseau avait dédié, avec des compliments vraiment hyperboliques, son discours sur l'inégalité des conditions.

Le gouvernement de Genève ne se laissa pas trop prendre aux flatteries du philosophe. Il condamna le *Contrat social* et l'*Émile* (par arrêt du 9 juin 1762) à être lacérés et brûlés par la main de l'exécuteur de la haute justice. Et parmi les considérants de l'arrêt se trouvent les suivants :

« Dans le *Contrat social*, l'auteur, après avoir fait dériver l'autorité des sources les plus pures, après avoir heureusement développé les avantages immenses de l'état civil sur l'état de nature, ramène bientôt tous les désordres de cet état primitif; les lois constitutives de tout gouvernement lui paraissent toujours révocables, il n'aperçoit aucun engagement réciproque entre ceux qui gouvernent et ceux qui sont gouvernés, les premiers ne lui paraissent que des instruments que les peuples peuvent toujours changer ou briser à leur gré... etc.

3. Phrase célèbre, contenant

pas d'être plus esclave qu'eux. Comment ce changement s'est-il fait? Je l'ignore[1]. Qu'est-ce qui peut le rendre légitime? Je crois pouvoir résoudre cette question.

Si je ne considérais que la force et l'effet qui en dérive, je dirais : Tant qu'un peuple est contraint d'obéir et qu'il obéit, il fait bien; sitôt qu'il peut

deux assertions aussi excessives l'une que l'autre.

« L'homme est né libre. » On se demande d'abord si l'auteur veut parler du droit à la liberté ou d'une liberté de fait. La suite prouve que par la liberté de l'homme primitif, il entend l'absence de tout commandement et de toute loi. Mais un pareil être, abandonné à lui-même, serait-il libre de toute contrainte extérieure, libre de tout danger, libre de se développer tout seul...? Pour le penser, il faudrait partager les idées de Rousseau sur la puissance et les vertus de l'homme complètement sauvage; et c'est ce qui est plus que difficile.

« Partout il est dans les fers ». Que veut dire Rousseau? Il l'explique dans ce passage de l'Émile : « Toute notre sagesse consiste en préjugés serviles, tous les usages ne sont qu'assujétissement, gêne et contrainte. *L'homme civil naît, vit et meurt dans l'esclavage*; à sa naissance on le coud dans un maillot; à sa mort on le cloue dans une bière; tant qu'il garde la figure humaine, *il est enchaîné par ses institutions.* » — Ainsi donc, Rousseau entend bien parler, non de l'esclavage des passions ou du péché, mais de l'esclavage des institutions. Or 1° il est inadmissible d'assimiler en bloc les lois humaines aux « fers » de l'esclave ou du galérien; 2° cela est d'autant plus inadmissible que l'auteur va donner cet esclavage d'abord comme « légitime » — puis comme condition de la liberté.

Il est visible que le grand écrivain ne résiste pas à l'attrait des antithèses et des expressions saillantes et que souvent quand il écrit l'une, il oublie l'autre.

1. Rousseau a toujours évité de s'expliquer, autrement que par de vagues hypothèses, sur le passage du premier état naturel (parfait, suivant lui) à un état tout à la fois social et anarchique auquel le *Contrat* seul peut mettre fin.

secouer le joug et qu'il le secoue, il fait encore mieux; car, en recouvrant sa liberté par le même droit qui la lui a ravie, ou il est fondé à la reprendre, ou l'on ne l'était pas à la lui ôter. Mais l'ordre social est un droit sacré qui sert de base à tous les autres[1]. Cependant ce droit ne vient point de la nature; il est donc fondé sur des conventions[2]. Il

1. Le mot « base » est peu précis, comme la plupart de ceux qu'on emploie trop souvent dans ces controverses. Si Rousseau voulait dire que la société est la première condition du droit positif et par conséquent des lois qui garantissent nos droits à l'égard les uns des autres, il aurait raison, et cela est évident par définition. Mais d'après lui l'ordre social nous donne le droit lui-même et non pas seulement la garantie du droit. Comme il le répétera plus d'une fois, ce n'est pas la justice qui sert de base à la loi humaine, c'est cette loi qui fait la justice!

Et cependant lui-même parlera tout à l'heure de biens que l'homme n'a pas le droit d'aliéner. Ailleurs encore il parlera (*Rêveries d'un promeneur solitaire, 5e promenade*) du droit naturel qui unit le bienfaiteur et l'obligé dans une société « plus étroite que celle qui unit les hommes en général ». Là il aura raison. Si les hommes font des lois, ce n'est donc pas pour inventer des droits dont ils n'auraient eu jusqu'alors aucune idée, c'est pour définir, organiser, régler, garantir enfin du mieux qu'ils peuvent un droit dont ils ont, sinon la science, au moins la conscience.

2. Est-il possible d'opposer ainsi, d'une manière absolue, la *nature* et les *conventions?* mais ces hommes qui font entre eux des conventions, ils ont une nature, c'est-à-dire des nécessités, des besoins, des inclinations, des idées enfin sur eux-mêmes et sur les choses qui les entourent. Peuvent-ils contracter les uns avec les autres, sans consulter les exigences et de leurs corps et de leurs âmes, de leurs intelligences et de leurs cœurs? — Plus tard, on le verra, Rousseau nous parlera de « l'invincible nature qui reprend toujours son empire ». Pourquoi donc l'exclure ici comme il le fait? Cette exclusion est bien dangereuse; car elle livre *table rase* au contrat, à ceux qui le rédigent et à ceux qui le font accepter.

s'agit de savoir quelles sont ces conventions. Avant d'en venir là, je dois établir ce que je viens d'avancer.

II. — Des premières sociétés.

La plus ancienne de toutes les sociétés et la seule naturelle est celle de la famille [1]. Encore les enfants ne restent-ils liés au père [2] qu'aussi longtemps qu'ils ont besoin de lui pour se conserver. Sitôt que ce besoin cesse, le lien naturel se dissout. Les enfants, exempts de l'obéissance qu'ils devaient au père, le père exempt des soins qu'il devait aux enfants, rentrent tous également dans l'indépendance. S'ils continuent de rester unis, ce n'est plus naturellement, c'est volontairement [3], et la famille elle-même ne se maintient que par convention [4].

Cette liberté commune est une conséquence de la

1. « L'association naturelle de tous les instants, c'est la famille. » (Aristote, *Politique,* I, 1.)

2. Rousseau vient de reconnaître une société fondée sur la seule nature et en dehors des conventions. Il se hâte de la diminuer le plus qu'il peut en disant que le lien naturel se dissout vite. Pour se dissoudre, il faut cependant qu'il ait existé.

3. Pourquoi encore cet antagonisme entre la volonté et la nature? Qu'est-ce donc que la nature de l'homme sans la volonté? Et que serait-ce qu'une volonté qui ne chercherait pas à satisfaire intelligemment sa propre nature? L'auteur raisonne comme si la « nature » de l'homme s'arrêtait là où s'arrête ce qu'il a d'animalité. Le sophisme est évident; la *profession de foi du Vicaire savoyard* suffisait cependant à fournir les arguments nécessaires pour le réfuter.

4. Jamais un homme ne pourra inventer ni conclure aucune convention qui fasse que sa mère ne soit pas sa mère.

nature de l'homme. Sa première loi est de veiller à sa propre conservation, ses premiers soins sont ceux qu'il se doit à lui-même, et sitôt qu'il est en âge de raison, lui seul étant juge [1] des moyens propres à se conserver, devient par là son propre maître.

La famille est donc, si l'on veut [2], le premier modèle des sociétés politiques; le chef est l'image du père, le peuple est l'image des enfants, et tous, étant nés égaux et libres, n'aliènent leur liberté que pour leur utilité. Toute la différence est que, dans la famille, l'amour du père pour ses enfants le paye des soins qu'il leur rend, et que, dans l'État, le plaisir de commander supplée à cet amour que le chef n'a pas pour ses peuples.

Grotius nie que tout pouvoir humain soit établi en faveur de ceux qui sont gouvernés; il cite l'esclavage en exemple. Sa plus constante manière de raisonner est d'établir toujours le droit par le

---

1. Soit! mais il est juge aussi des nécessités morales, et pour les bien juger il ne faut pas commencer par les méconnaître.

2. Tout cela ne brille pas par la précision, Bossuet dit plus clairement : « La première idée de commandement et d'autorité humaine est venue aux hommes de l'autorité paternelle. » C'est en effet dans la famille que l'homme voit et sent, pour ainsi dire, malgré lui, les bienfaits de l'aide mutuelle et aussi les bienfaits d'une autorité où l'égoïsme, vaincu par l'amour, a fait place au dévouement. Mais la famille n'est pas seulement le modèle des sociétés politiques, elle en est la source. « L'association première de plusieurs familles, c'est le village » dit, avec le bon sens lui-même, Aristote, et il est impossible que plusieurs familles se trouvent les unes à côté des autres sans qu'elles cherchent à s'entraider.

fait [1]. On pourrait employer une méthode plus conséquente, mais non pas plus favorable aux tyrans.

Il est donc douteux, selon Grotius, si le genre humain appartient à une centaine d'hommes, ou si cette centaine d'hommes appartient au genre humain, et il paraît dans tout son livre pencher pour le premier avis [2]. C'est aussi le sentiment de Hobbes [3]. Ainsi, voilà l'espèce humaine divisée en troupeaux de bétail, dont chacun a son chef, qui le garde pour le dévorer.

Comme un pâtre est d'une nature supérieure à

1. « Les savantes recherches sur le droit public ne sont souvent que l'histoire des anciens abus, et on s'est entêté mal à propos, quand on s'est donné la peine de les trop étudier. » (*Traité manuscrit des intérêts de la France avec ses voisins*, par M. L. M. d'A.) Voilà précisément ce qu'a fait Grotius. » (Note de Rousseau.)

2. Rousseau a raison de protester ici comme il le fait contre cette théorie de Grotius. Le pouvoir est établi pour le bien de tous et non pour celui de quelques-uns. Mais en rappelant si éloquemment qu'il y a « un genre humain », l'auteur n'indique-t-il pas un fondement naturel du droit et une base antérieure aux conventions proprement dites? Il faut savoir, en effet, ce que c'est que ce « genre humain ». Or, on peut appliquer à cette conception ce que Bossuet dit de celle de la société humaine, qu'elle a pour fondement « un même Dieu, un même objet, une même fin, une origine commune, un même sang, un même intérêt, un besoin mutuel ». — « Nous devons, lit-on encore dans la *Politique tirée de l'Écriture Sainte*, nous aimer les uns les autres, parce que nous devons aimer le même Dieu qui est notre père commun, et *son unité est notre lien* ».

3. Hobbes, né à Malmesbury en 1588, mort en 1679 — un des premiers qui aient posé l'idée de l'*Inconnaissable* en métaphysique, mais plus connu pour sa théorie de la morale de l'intérêt et sa théorie du despotisme. V. plus haut l'introduction.

celle de son troupeau, les pasteurs d'hommes, qui sont leurs chefs, sont aussi d'une nature supérieure à celle de leurs peuples. Ainsi raisonnait, au rapport de Philon, l'empereur Caligula, concluant assez bien de cette analogie que les rois étaient des dieux ou que les peuples étaient des bêtes.

Le raisonnement de Caligula revient à celui de Hobbes et de Grotius. Aristote, avant eux tous, avait dit aussi que les hommes ne sont point naturellement égaux, mais que les uns naissent pour l'esclavage et les autres pour la domination.

Aristote avait raison, mais il prenait l'effet pour la cause. Tout homme né dans l'esclavage naît pour l'esclavage, rien n'est plus certain : les esclaves perdent tout dans leurs fers, jusqu'au désir d'en sortir ; ils aiment leur servitude, comme les compagnons d'Ulysse aimaient leur abrutissement[1]. S'il y a donc des esclaves par nature, c'est parce qu'il y a eu des esclaves contre la nature. La force a fait les premiers esclaves, leur lâcheté les a perpétués.

Je n'ai rien dit du roi Adam, ni de l'empereur Noé, père de trois grands monarques qui se partagèrent l'univers, comme firent les enfants de Saturne, qu'on a cru reconnaître en eux. J'espère qu'on me saura gré de cette modération ; car, descendant directement de l'un de ces princes, et peut-être de la branche aînée, que sais-je si, par la vérification des titres, je ne me trouverais point

1. « Voyez un petit traité de *bêtes usent de la raison.* » Plutarque, intitulé : *Que les* (Note de Rousseau.)

le légitime roi du genre humain? Quoi qu'il en soit, on ne peut disconvenir qu'Adam n'ait été souverain du monde comme Robinson de son île, tant qu'il en fut le seul habitant, et ce qu'il y avait de commode dans cet empire, était que le monarque, assuré sur son trône, n'avait à craindre ni rébellions, ni guerres, ni conspirateurs.

III. — Du droit du plus fort.

Le plus fort n'est jamais assez fort pour être toujours le maître, s'il ne transforme sa force en droit et l'obéissance en devoir [1]. De là le droit du plus fort [2], droit pris ironiquement en apparence et réellement établi en principe. Mais ne nous expliquera-t-on jamais ce mot? La force est une puissance physique; je ne vois point quelle moralité peut résulter de ses effets. Céder à la force est un acte de nécessité, non de volonté; c'est tout au

1. Parce que celui qui est plus fort physiquement peut ou s'affaiblir à un moment donné (la chose est même inévitable), — ou succomber devant un plus faible qui sera plus intelligent ou plus rusé, — ou provoquer une coalition.

2. La conséquence n'est pas exacte. On pourrait tout aussi bien et même mieux dire : « *De là* l'obligation où est celui qui se croit le plus fort de justifier ses commandements et d'en faire accepter le bienfait, afin de prévenir des résistances où il s'userait. » Du moins est-ce là la solution de la raison. L'autre est celle de la passion, et il n'est que trop vrai que la passion vient tout corrompre et tout *dénaturer*, mais il faut voir les deux. C'est à quoi ici Rousseau se refuse. Il tient à préparer le début du chapitre suivant en nous faisant accepter qu'il n'y a pas de milieu entre la nature sauvage et la société reposant sur le *seul* contrat.

plus un acte de prudence. En quel sens pourra-ce être un devoir?

Supposons un moment ce prétendu droit. Je dis qu'il n'en résulte qu'un galimatias inexplicable; car sitôt que c'est la force qui fait le droit, l'effet change avec la cause : toute force qui surmonte la première succède à son droit. Sitôt qu'on peut désobéir impunément, on le peut légitimement; et puisque le plus fort a toujours raison, il ne s'agit que de faire en sorte qu'on soit le plus fort. Or, qu'est-ce qu'un droit qui périt quand la force cesse? S'il faut obéir par force, on n'a pas besoin d'obéir par devoir; et si l'on n'est plus forcé d'obéir, on n'y est plus obligé. On voit donc que le mot *droit* n'ajoute rien à la force; il ne signifie ici rien du tout.

Obéissez aux puissances. Si cela veut dire : cédez à la force, le précepte est bon, mais superflu; je réponds qu'il ne sera jamais violé. Toute puissance vient de Dieu, je l'avoue; mais toute maladie en vient aussi : est-ce à dire qu'il soit défendu d'appeler le médecin [1]? Qu'un brigand me surprenne au coin d'un bois, non seulement il faut par force donner la bourse, mais quand je pourrais la soustraire, suis-je en conscience obligé de la donner? Car enfin le pistolet qu'il tient est aussi une puissance.

Convenons donc que force ne fait pas droit [2], et

---

1. On peut parfaitement accepter la comparaison. Il semble que Bossuet ne l'eût pas récusée.

2. Certainement, Rousseau est aussi exact que spirituel dans cette satire du prétendu droit du plus fort. Mais il de-

qu'on n'est obligé d'obéir qu'aux puissances légitimes. Ainsi, ma question primitive revient toujours.

IV. — De l'esclavage.

Puisqu'aucun homme n'a une autorité naturelle sur son semblable, et puisque la force ne produit aucun droit, restent donc les conventions pour base de toute autorité légitime parmi les hommes[1].

Si un particulier, dit Grotius, peut aliéner sa liberté et se rendre esclave d'un maître, pourquoi tout un peuple ne pourrait-il pas aliéner la sienne et se rendre sujet d'un roi? Il y a là bien des mots équivoques qui auraient besoin d'explication; mais tenons-nous-en à celui d'*aliéner*. Aliéner, c'est donner ou vendre. Or, un homme qui se fait esclave d'un autre ne se donne pas, il se vend, tout au moins pour sa subsistance; mais un peuple, pourquoi se vend-il? Bien loin qu'un roi fournisse à ses sujets leur subsistance, il ne tire la sienne que d'eux, et, selon Rabelais, un roi ne vit pas de peu. Les sujets donnent donc leur personne, à condition qu'on prendra aussi leur bien? Je ne vois pas ce qu'il leur reste à conserver.

vrait réfléchir que s'il est absurde autant qu'odieux d'invoquer ce fantôme de droit, c'est que la faiblesse elle-même — et elle surtout, pourrait-on dire — a un droit que la force est obligée de respecter, en dehors de toute convention. Il n'y a pas besoin de conventions pour que j'aie *le droit* — si faible que je sois — de me défendre ou de me faire défendre si on m'attaque sans motif. On ne saurait trop le répéter, les conventions règlent l'exercice de ce droit, elles ne le créent pas.

1. Ici deux ordres de remarques sont nécessaires.

On dira que le despote assure à ses sujets la tranquillité civile. Soit; mais qu'y gagnent-ils, si les guerres que son ambition leur attire, si son insatiable avidité, si les vexations de son ministère les désolent plus que ne feraient leurs dissensions? Qu'y gagnent-ils si cette tranquillité même est une de leurs misères? On vit tranquille aussi dans les cachots; en est-ce assez pour s'y trouver bien? Les Grecs enfermés dans l'antre du cyclope y vivaient tranquilles, en attendant que leur tour vînt d'être dévorés.

Dire qu'un homme se donne gratuitement, c'est dire une chose absurde et inconcevable; un tel acte est illégitime et nul, par cela seul que celui qui le fait n'est pas dans son bon sens. Dire la même chose de tout un peuple, c'est supposer un peuple de fous: la folie ne fait pas droit.

1º Rousseau abandonne très vite la question des droits respectifs des hommes les uns à l'égard des autres pour passer promptement au problème de l'autorité. Il se sent là sur un terrain plus favorable à sa théorie; car certainement la part de la nature est plus faible et celle de la convention plus forte dans la constitution d'une autorité chargée du commandement, que dans la reconnaissance de droits essentiels et naturels qui, à la rigueur, pourraient être sentis, reconnus, respectés même dans une réunion d'hommes raisonnables, sans qu'une autorité spéciale fût armée pour y veiller.

2º D'un autre côté peut-on dire absolument que nul homme n'a « une autorité naturelle » sur son semblable? Le père a une autorité naturelle sur son fils, Rousseau le reconnaissait tout à l'heure. — L'homme averti d'un danger a une autorité naturelle contre l'ignorant ou le sot qui s'obstinerait à vouloir le lui faire courir (en mettant le feu, en déchaînant une bête sauvage, etc., etc.). L'homme lésé sans motif a une autorité naturelle sur celui qui le lèse. Il est natu-

Quand chacun pourrait s'aliéner lui-même, il ne peut aliéner ses enfants : ils naissent hommes et libres; leur liberté leur appartient, nul n'a droit d'en disposer qu'eux. Avant qu'ils soient en âge de raison, le père peut en leur nom stipuler des conditions pour leur conservation, pour leur bien-être, mais non les donner irrévocablement et sans condition, car un tel don est contraire aux fins de la nature [1] et passe les droits de la paternité. Il faudrait donc, pour qu'un gouvernement arbitraire fût légitime, qu'à chaque génération le peuple fût le maître de l'admettre ou de le rejeter; mais alors ce gouvernement ne serait plus arbitraire.

Renoncer à sa liberté, c'est renoncer à sa qualité d'homme, aux droits de l'humanité, même à ses devoirs. Il n'y a nul dédommagement possible pour quiconque renonce à tout. Une telle renonciation est incompatible avec la nature de l'homme, et c'est ôter toute moralité à ses actions que d'ôter toute liberté à sa volonté [2]. Enfin, c'est une convention vaine et contradictoire, de stipuler, d'une part, une autorité absolue, de l'autre, une obéissance sans bornes. N'est-il pas clair qu'on n'est engagé à rien envers celui dont on a droit de tout exiger? Et cette seule condition sans équivalent, sans échange, n'entraîne-t-elle pas la nullité de l'acte? Car quel droit

---

rellement *autorisé* (à défaut de pacte) à réprimer ses attentats.

1. Il y a donc des fins naturelles et par conséquent un droit naturel.

2. Tout cela est admirablement dit. Mais donc, toute moralité, tout devoir et tout droit ne datent pas des conventions, puisqu'en voilà que

mon esclave aurait-il contre moi, puisque tout ce qu'il a m'appartient, et que son droit étant le mien, ce droit de moi contre moi-même est un mot qui n'a aucun sens?

Grotius et les autres tirent de la guerre une autre origine du prétendu droit d'esclavage. Le vainqueur ayant, selon eux, le droit de tuer le vaincu, celui-ci peut racheter sa vie aux dépens de sa liberté, convention d'autant plus légitime qu'elle tourne au profit de tous deux.

Mais il est clair que ce prétendu droit de tuer les vaincus ne résulte en aucune manière de l'état de guerre. Par cela seul que les hommes, vivant dans leur primitive indépendance, n'ont point entre eux de rapport assez constant pour constituer ni l'état de paix ni l'état de guerre, ils ne sont point naturellement ennemis. C'est le rapport des choses et non des hommes qui constitue la guerre [1], et l'état de guerre ne pouvant naître des simples relations personnelles, mais seulement des relations réelles, la guerre privée, ou d'homme à homme, ne peut exister, ni dans l'état de nature, où il n'y a point de propriété constante, ni dans l'état social, où tout est sous l'autorité des lois.

Rousseau flétrit pour démontrer qu'on ne saurait conclure indifféremment une convention *quelconque,* soit, par exemple une convention dans laquelle on aliénerait gratuitement sa liberté ou celle de ses enfants.

[1]. Ceci tend à nous faire croire que ce sont seulement les choses, c'est-à-dire les propriétés, qui causent la guerre, et que dans l'homme lui-même, il n'y a ni occasions ni prétextes à la lutte. Optimisme insoutenable! Ce n'est

Les combats particuliers, les duels, les rencontres, sont des actes qui ne constituent point un état; et à l'égard des guerres privées, autorisées par les établissements de Louis IX [1], roi de France, et suspendues par la paix de Dieu, ce sont des abus du gouvernement féodal, système absurde s'il en fut jamais [2], contraire aux principes du droit naturel et à toute bonne politique.

pas dans les choses que sont les vraies causes de conflit, c'est dans les passions des hommes qui en usent. Ce n'est pas le troupeau, c'est la jalousie qui a été cause du crime de Caïn. Il ne suffirait pas de supprimer la propriété des choses pour que les passions des hommes cessent de les armer les uns contre les autres.

Ceci réservé, l'auteur a raison de rejeter le prétendu droit de tuer le vaincu. Il ne faut pas confondre le droit de tuer, pendant le combat, un ennemi dont on est soi-même menacé, avec le droit que Grotius allègue contre un vaincu désarmé. Montesquieu fait dans le même sens de très remarquables observations (*Esprit des lois*. Livre XV, ch. II).

1. Rousseau ne connaît guère ce dont il parle ici. Saint Louis rendit en 1260, une ordonnance célèbre qui commence ainsi : « Nous défendons à tous les batailles par tout notre domaine; au lieu de batailles nous mettons preuves de témoins. »

— « C'est à cette passion profonde et raisonnée de la paix publique, dit M. Marius Sepet (dans son *Saint Louis*, p. 184. Collection «Les saints»), que se rapportent les immortels efforts de saint Louis pour extirper de France la terrible coutume germanique et féodale des guerres privées, que l'Église elle-même n'avait pu, au onzième et au douzième siècles que tempérer par la *paix* et la *trêve* de Dieu! La *quarantaine le roi* et l'*assurement*, ingénieux obstacles aux hostilités des barons, imaginés, dit-on, et imposés par Philippe-Auguste, furent énergiquement renouvelés et fortifiés par saint Louis. Mais enfin il alla plus loin et *interdit absolument la guerre privée* aux nobles de son domaine. »

2. Ce n'est pas tout à fait l'avis de Montesquieu, qui dit (*Esprit des Lois*, livre XXX, ch. I). « C'est un beau spec-

La guerre n'est donc point une relation d'homme à homme, mais une relation d'État à État, dans laquelle les particuliers ne sont ennemis qu'accidentellement, non point comme hommes, ni même comme citoyens, mais comme soldats; non point comme membres de la patrie, mais comme ses défenseurs. Enfin chaque État ne peut avoir pour ennemis que d'autres États, et non pas des hommes, attendu qu'entre choses de diverses natures on ne peut fixer aucun vrai rapport.

Ce principe est même conforme aux maximes établies de tous les temps, et à la pratique constante de tous les peuples policés. Les déclarations de guerre sont moins des avertissements aux puissances qu'à leurs sujets. L'étranger, soit roi, soit particulier, soit peuple, qui vole, tue ou détient les sujets, sans déclarer la guerre au prince, n'est pas un ennemi, c'est un brigand. Même en pleine guerre, un prince juste s'empare bien, en pays ennemi, de tout ce qui appartient au public, mais il respecte la personne et les biens des particuliers; il respecte les droits sur lesquels sont fondés les siens. La fin de la guerre étant la destruction de l'État ennemi[1],

tacle que celui des lois féodales ». Il ajoute : « cela demanderait un ouvrage exprès. » Contentons-nous donc de remarquer comment Rousseau veut bien invoquer le *droit naturel* contre un régime qui lui déplaît, et comment il le sacrifiera volontiers au régime artificiel qu'il va inventer tout à l'heure.

1. En tant qu'ennemi, autrement dit sa mise hors d'état de nuire de nouveau. Considérer que la guerre a pour but et pour fin la destruction d'un État, c'est affaiblir ce qui vient d'être dit si juste-

on a droit d'en tuer les défenseurs, tant qu'ils ont les armes à la main ; mais, sitôt qu'ils les posent et se rendent, cessant d'être ennemis ou instruments de l'ennemi, ils redeviennent simplement hommes, et l'on n'a plus de droit sur leur vie. Quelquefois on peut tuer l'État sans tuer un seul de ses membres ; or, la guerre ne donne aucun droit qui ne soit nécessaire à sa fin. Ces principes ne sont pas ceux de Grotius ; ils ne sont pas fondés sur des autorités de poètes, mais ils dérivent de la nature des choses[1] et sont fondés sur la raison.

A l'égard du droit de conquête, il n'a d'autre fondement que la loi du plus fort. Si la guerre ne donne point au vainqueur le droit de massacrer les peuples vaincus, ce droit qu'il n'a pas ne peut fonder celui de les asservir. On n'a le droit de tuer l'ennemi que quand on ne peut le faire esclave ; le droit de le faire esclave ne vient donc pas du droit de le tuer : c'est donc un échange inique de lui faire acheter, au prix de sa liberté, sa vie, sur laquelle on n'a aucun droit. En établissant le droit de vie et de mort sur le droit d'esclavage et le droit d'esclavage sur le droit de vie et de mort, n'est-il pas clair qu'on tombe dans le cercle vicieux ?

En supposant même ce terrible droit de tout tuer, je dis qu'un esclave fait à la guerre, ou un peuple conquis, n'est tenu à rien du tout envers son maître, qu'à lui obéir autant qu'il y est forcé. En prenant

ment contre le prétendu droit illimité du vainqueur.

1. Voici encore la « nature des choses » invoquée et mise d'accord avec « la raison ». Pourquoi donc la société hu-

un équivalent à sa vie, le vainqueur ne lui en a point fait grâce : au lieu de le tuer sans fruit, il l'a tué utilement. Loin donc qu'il ait acquis sur lui nulle autorité jointe à sa force, l'état de guerre subsiste entre eux comme auparavant, leur relation même en est l'effet, et l'usage du droit de la guerre ne suppose aucun traité de paix. Ils ont fait une convention, soit; mais cette convention, loin de détruire l'état de guerre, en suppose la continuité [1].

Ainsi, de quelque sens qu'on envisage les choses, le droit d'esclave est nul, non seulement parce qu'il est illégitime, mais parce qu'il est absurde et ne signifie rien. Ces mots *esclavage* et *droit* sont contradictoires; ils s'excluent mutuellement. Soit d'un homme à un homme, soit d'un homme à un peuple, ce discours sera toujours également insensé : « Je fais avec toi une convention toute à ta charge et toute à mon profit, que j'observerai tant qu'il me plaira, et que tu observeras tant qu'il me plaira [2]. »

maine et son organisation ne dériveraient-elles pas de la même source?

1. Rousseau veut dire ceci (qui est très juste) : pour que l'état de guerre cesse véritablement, il faut que les anciens belligérants aient été replacés l'un et l'autre dans un état normal, chacun des deux ayant repris la possession libre de lui-même.

2. La conclusion logique à tirer de ce chapitre serait la suivante : La convention qui fait la société doit être une convention qui respecte et même fortifie la liberté naturelle. Remarquons toutefois qu'en visant le despotisme, l'auteur du *Contrat social* continue à faire légèrement dévier la discussion. Il s'agissait de la constitution de la société en tant que société; il ne devrait pas encore être question de gouvernement.

V. — Qu'il faut toujours remonter à une première convention.

Quand j'accorderais tout ce que j'ai réfuté jusqu'ici, les fauteurs du despotisme n'en seraient pas plus avancés. Il y aura toujours une grande différence entre soumettre une multitude et régir une société. Que des hommes épars soient successivement asservis à un seul, en quelque nombre qu'ils puissent être, je ne vois là qu'un maître et des esclaves; je n'y vois point un peuple et son chef; c'est, si l'on veut, une agrégation, mais non pas une association; il n'y a là ni bien public, ni corps politique. Cet homme, eût-il asservi la moitié du monde, n'est toujours qu'un particulier; son intérêt, séparé de celui des autres, n'est toujours qu'un intérêt privé. Si ce même homme vient à périr, son empire, après lui, reste épars et sans liaison, comme un chêne se dissout et tombe en un tas de cendres après que le feu l'a consumé.

Un peuple, dit Grotius, peut se donner à un roi. Selon Grotius, un peuple est donc un peuple avant de se donner à un roi. Ce don même est un acte civil; il suppose une délibération publique. Avant donc que d'examiner l'acte par lequel un peuple élit un roi, il serait bon d'examiner l'acte par lequel un peuple est un peuple, car cet acte, étant nécessairement antérieur à l'autre, est le vrai fondement de la société[1].

1. Il semble qu'ici Rousseau renverse l'ordre naturel. Pour lui les rapports sociaux supposent que les hommes se son

En effet, s'il n'y avait point de convention antérieure, où serait, à moins que l'élection ne fût unanime, l'obligation, pour le petit nombre, de se soumettre au choix du grand ; et d'où cent qui veulent un maître, ont-ils un droit de voter pour dix qui n'en veulent point[1]? La loi de la pluralité des suffrages est elle-même un établissement de convention, et suppose au moins une fois l'unanimité.

organisés — après délibération — de manière à former « un peuple ». Or, on peut très bien concevoir (et c'est même-là le fait qui a dû se produire universellement) une société mal organisée, inconsistante, dans laquelle n'existe pas encore ce que nous appelons proprement « un peuple ». Ce n'est pas le peuple qui fait la société : c'est au sein de la société inévitable et sous la lente pression des besoins, que les hommes en viennent à avoir l'idée d'un peuple et à la réaliser. Quant à cet « acte » spécial et délibéré dont parle Rousseau, il peut se trouver quelquefois à l'origine d'un gouvernement, d'une dynastie, d'une constitution politique; il est contradictoire de le chercher à l'origine des sociétés. Le passage de l'agglomération à l'association se fait par la force des choses.

1. Les cent qui veulent une chose ont-ils le droit de l'imposer aux dix qui ne la veulent pas? non, si l'ordre public n'y est pas engagé, si, par exemple, le for intérieur de la conscience y est seul intéressé ; oui, si cette chose est évidemment nécessaire à l'ordre public, au bien commun. Or, Rousseau qui va bientôt exagérer la dépendance née du pacte, commence par exagérer ici l'indépendance. Les dix sont-ils maîtres de vivre à part? Rousseau dit oui; mais le bon sens dit non. On peut voter pour savoir si on aura un roi ou un président, un roi de telle dynastie ou de telle autre : on ne vote pas pour savoir si on vivra ou non en société. C'est toujours la même confusion.

VI. — Du pacte social.

Je suppose [1] les hommes parvenus à ce point où les obstacles qui nuisent à leur conservation dans l'état de nature l'emportent par leur résistance sur les forces que chaque individu peut employer pour se maintenir dans cet état. Alors cet état primitif ne peut plus subsister, et le genre humain périrait [2] s'il ne changeait sa manière d'être.

Or, comme les hommes ne peuvent engendrer de nouvelles forces, mais seulement unir et diriger celles qui existent, ils n'ont plus d'autre moyen pour se conserver, que de former, par agrégation, une somme de forces qui puisse l'emporter sur la résistance, de les mettre en jeu par un seul mobile, et de les faire agir de concert.

Cette somme de forces ne peut naître que du

1. Rousseau suppose; mais il se garde bien de chercher à expliquer; il se heurterait toujours à cette difficulté qu'il sent bien : Si le premier état de nature était si parfait, comment les hommes en sont-ils sortis? (Car notre auteur ne prend pas à son compte le fait biblique de la désobéissance et de la chute). A tout le moins, comment l'homme n'a-t-il rien gardé de cette perfection primitive, pour se garantir d'un désordre tel, qu'il n'y a plus que « les fers » qui puissent l'en tirer?

2. Il aurait même péri tout de suite s'il avait vécu comme Rousseau l'eût désiré. — S'imaginer qu'un beau jour l'humanité s'est sentie comme mise en demeure de constituer ou de ne pas constituer la société, est une supposition dont l'auteur du *Contrat social* n'est pas sans avoir vu le caractère fictif et, qui plus est, invraisemblable. Mais cette fiction lui paraît nécessaire à l'ensemble de ses utopies.

concours de plusieurs; mais la force et la liberté de chaque homme étant les premiers instruments de sa conservation, comment les engagera-t-il sans se nuire, sans négliger les soins qu'il se doit? Cette difficulté, ramenée à mon sujet, peut s'énoncer en ces termes :

« Trouver une forme d'association qui défende et protège de toute la force commune la personne et les biens de chaque associé, et par laquelle chacun, s'unissant à tous, n'obéisse pourtant qu'à lui-même, et reste aussi libre qu'auparavant. » Tel est le problème fondamental [1] dont le Contrat social donne la solution.

Les clauses de ce contrat sont tellement déterminées par la nature de l'acte, que la moindre modification les rendrait vaines et de nul effet; en sorte que, bien qu'elles n'aient peut-être jamais été formellement énoncées, elles sont partout les mêmes, partout tacitement admises et reconnues [2], jusqu'à ce que, le pacte social étant violé, chacun rentre alors dans ses premiers droits et reprenne sa li-

---

1. Le problème est certainement posé d'une façon très heureuse. On va voir si c'est le Contrat social tel qu'il est ici présenté qui a donné la meilleure solution.

2. Il faut faire grande attention à cette phrase singulière où Rousseau veut allier les contraires. Pour faire accepter sa théorie il essaie de pallier ce qu'elle a de paradoxal; mais alors il en affaiblit considérablement l'originalité première. Comment en effet pourrait-on savoir que le pacte social a été « violé », si les clauses n'en ont jamais été « formellement énoncées »? D'autre part, si les clauses sont « tellement déterminées par la nature », si elles sont tellement uniformes, si elles s'imposent partout à l'adhé-

berté naturelle en perdant la liberté conventionnelle pour laquelle il y renonça.

Ces clauses, bien entendues, se réduisent toutes à une seule, savoir : l'aliénation totale de chaque associé avec tous ses droits à toute la communauté [1]; car, premièrement, chacun se donnant tout entier, la condition est égale pour tous, et, la condition

sion, même tacite, en quoi est-il besoin d'un pacte pour en créer les obligations fondamentales? Et comment les individus pourraient-ils s'y soustraire, ne fût-ce qu'un instant, pour reprendre ce que l'auteur appelle ici « la liberté naturelle »? On peut bien liquider et dissoudre une société commerciale ou une société industrielle, où toutes les clauses ont été rédigées d'un commun accord; on ne saurait liquider et dissoudre la société humaine.

1. Il est intéressant de comparer cette phrase aux propositions de Bossuet, dans sa *Politique tirée de l'Écriture Sainte :* « Toutes les forces de la nation concourent en un, et le magistrat souverain a le droit de les réunir... Toute la force est transportée au magistrat souverain; chacun l'affermit au préjudice de la sienne. On y gagne, car on retrouve, en la personne du suprême magistrat, plus de force qu'on n'en quitte pour

l'autoriser, puisqu'on y trouve toute la force de la nation réunie ensemble pour nous secourir... Dans un gouvernement réglé, les veuves, les orphelins, les pupilles, les enfants mêmes dans le berceau sont forts. Leur bien est conservé, leurs droits sont défendus, et leur cause est la cause propre du magistrat. »

Sans avoir à examiner si toutes les formules de Bossuet sont irréprochables, nous pouvons dire que celles-ci, quelle que soit leur ressemblance apparente avec celles de Rousseau, sont très supérieures. On remarquera comment c'est la même expression « la force... les forces » qui revient à chaque instant dans Bossuet (on la retrouve dans le titre de la IVᵉ proposition du livre I : « Dans un gouvernement réglé chaque particulier renonce au droit d'occuper par la force ce qui lui convient). Et en effet, il est incontestable 1° que dans une société réglée, chacun de nous doit renoncer à faire usage

étant égale pour tous, nul n'a intérêt de la rendre onéreuse aux autres.

De plus, l'aliénation se faisant sans réserve, l'union est aussi parfaite qu'elle peut l'être, et nul associé n'a plus rien à réclamer : car, s'il restait quelques droits aux particuliers, comme il n'y aurait aucun supérieur commun qui pût prononcer entre eux et le public, chacun, étant en quelque point son propre juge, prétendrait bientôt l'être en tout; l'état de nature subsisterait¹, et l'association deviendrait nécessairement tyrannique ou vaine.

Enfin, chacun se donnant à tous ne se donne à personne; et, comme il n'y a pas un associé sur lequel on n'acquière le même droit qu'on lui cède sur soi, on gagne l'équivalent de tout ce qu'on

de la force (sauf les cas de nécessité imminente et absolue) même pour sa propre défense; 2° que chacun y gagne. Mais si nous abdiquons tout recours personnel à la force, est-ce à dire que nous fassions aliénation totale de toute notre personne et de tous nos droits? Loin de là : nous en réclamons la défense. — On dira : « Où est la différence, puisque vous renoncez à assurer vous-même ce que vous appelez votre droit? Que devient-il alors, ce prétendu droit »? Cette objection est celle des philosophes qui identifient le droit et la contrainte, comme on l'a fait à tort en Allemagne. Mais elle ne saurait toucher ceux qui croient qu'il y a grand intérêt à proclamer, à expliquer, à défendre, par des moyens réguliers et pacifiques, un droit existant de lui-même, et que, dans l'intérêt de la paix publique, on renonce à soutenir par la violence. La contrainte, si elle est nécessaire, sera exercée par le souverain et en son nom (car nous le supposons éclairé et équitable.) Il la mettra au service d'un droit qui se sera prouvé.

1. Non pas l'état de nature tout à fait premier, l'état idéal de Rousseau, mais l'état second. (Voyez l'Introduction).

perd et plus de force pour conserver ce qu'on a.

Si donc on écarte du pacte social ce qui n'est pas de son essence, on trouvera qu'il se réduit aux termes suivants : « Chacun de nous met en commun sa personne et toute sa puissance sous la suprême direction de la volonté générale, et nous recevons en corps chaque membre comme partie indivisible du tout. »

A l'instant, au lieu de la personne particulière de chaque contractant, cet acte d'association produit un corps moral et collectif, composé d'autant de membres que l'assemblée a de voix, lequel reçoit de ce même acte son unité, son *moi* commun, sa vie et sa volonté [1]. Cette personne publique, qui se forme ainsi par l'union de toutes les autres, prenait autrefois le nom de *cité* [2], et prend maintenant celui de *république*, ou de *corps politique*, lequel est appelé par ses membres *état*, quand il est pas-

---

1. Cela est juste si l'on ajoute : pour tout ce qu'exigent les nécessités de la vie commune.

2. « Le vrai sens de ce mot s'est presque entièrement effacé chez les modernes : la plupart prennent une ville pour une cité, et un bourgeois pour un citoyen. Ils ne savent pas que les maisons font la ville, mais que les citoyens font la cité. Cette même erreur coûta cher aux Carthaginois. Je n'ai pas lu que le titre de *civis* ait jamais été donné aux sujets d'aucun prince, pas même anciennement aux Macédoniens, ni de nos jours aux Anglais, quoique plus près de la liberté que tous les autres. Les seuls Français prennent tous ce nom de *citoyens*, parce qu'ils n'en ont aucune véritable idée, comme on peut le voir dans leurs dictionnaires, sans quoi ils tomberaient, en l'usurpant, dans le crime de lèse-majesté : ce nom, chez eux, exprime une vertu, et non pas un droit. Quand Bodin a voulu parler de nos citoyens et bourgeois, il a fait une lourde bévue en pre-

sif; *souverain*, quand il est actif; *puissance*, en le comparant à ses semblables. A l'égard des associés, ils prennent collectivement le nom de *peuple*, et s'appellent en particulier *citoyens*, comme participants à l'autorité souveraine, et *sujets*, comme soumis aux lois de l'État. Mais ces termes se confondent souvent et se prennent l'un pour l'autre; il suffit de les savoir distinguer quand ils sont employés dans toute leur précision.

VII. — Du souverain.

On voit, par cette formule, que l'acte d'association renferme un engagement réciproque du public avec les particuliers, et que chaque individu, contractant, pour ainsi dire, avec lui-même, se trouve engagé sous un double rapport, savoir : comme membre du souverain envers les particuliers, et comme membre de l'État envers le souverain. Mais on ne peut appliquer ici la maxime du droit civil, que nul n'est tenu aux engagements pris avec lui-même; car il y a bien de la différence entre s'obliger envers soi ou envers un tout dont on fait partie.

nant les uns pour les autres. M. d'Alembert ne s'y est pas trompé, et a bien distingué, dans son article *Genève*, les quatre ordres d'hommes (cinq en y comprenant le[s] [sim]ples étrangers) qui sont [dans] notre ville, et dont deu[x] seu]lement composent la république. Nul auteur français, que je sache, n'a compris le vrai sens du mot *citoyen*. » (Note ... définit ... ti- s-

Il faut remarquer encore que la délibération publique, qui peut obliger tous les sujets envers le souverain, à cause des deux différents rapports sous lesquels chacun d'eux est envisagé, ne peut, par la raison contraire, obliger le souverain envers lui-même, et que, par conséquent, il est contre la nature du corps politique que le souverain s'impose une loi qu'il ne puisse enfreindre. Ne pouvant se considérer que sous un seul et même rapport, il est alors dans le cas d'un particulier contractant avec soi-même; par où l'on voit qu'il n'y a ni ne peut y avoir nulle espèce de loi fondamentale obligatoire[1] pour ce corps de peuple, pas même le contrat social. Ce qui ne signifie pas que ce corps ne puisse fort bien s'engager envers autrui[2], en ce qui ne déroge point à ce contrat; car, à l'égard de

1. Voilà la conséquence logique de l'hypothèse initiale : une réunion d'hommes faisant table rase et remettant au corps constitué le soin de tout faire (et au besoin de tout défaire) : le bien et le mal, le juste et l'injuste. Mais si on repousse, comme on le doit, cette hypothèse, on soutiendra justement qu'il est des lois dictées par « les fins de la nature » et que nul souverain ne peut enfreindre sans mal faire, sans provoquer des résistances légales.

2. Ainsi le souverain d'un État, quel que soit son nom, peut tout se permettre envers ses sujets : il ne s'oblige véritablement qu'envers un étranger. Sans approuver la première de ces déclarations, les catholiques doivent se souvenir de la seconde quand ils trouvent que le Concordat a des avantages qui en ont jusqu'ici dépassé les inconvénients. Si le souverain n'était pas lié envers un étranger qui est le pape, il serait maître de tout changer et même de tout supprimer dans ce qu'il fait de plus ou moins efficace pour la protection du culte catholique. C'est bien là, du reste, la théorie révolutionnaire et jacobine.

l'étranger, il devient un être simple, un individu.

Mais le corps politique ou le souverain, ne tirant son être que de la sainteté du contrat, ne peut jamais s'obliger, même envers autrui, à rien qui déroge à cet acte primitif, comme d'aliéner quelque portion de lui-même, ou de se soumettre à un autre souverain. Violer l'acte par lequel il existe serait s'anéantir, et ce qui n'est rien ne produit rien.

Sitôt que cette multitude est ainsi réunie en un corps, on ne peut offenser un des membres sans attaquer le corps, encore moins offenser le corps sans que les membres s'en ressentent. Ainsi, le devoir et l'intérêt obligent également les deux parties contractantes à s'entr'aider mutuellement, et les mêmes hommes doivent chercher à réunir sous ce double rapport tous les avantages qui en dépendent [1].

Or, le souverain n'étant formé que des particuliers qui le composent, n'a ni ne peut avoir d'intérêt contraire au leur; par conséquent, la puissance souveraine n'a nul besoin de garant envers les sujets, parce qu'il est impossible que le corps veuille nuire à tous ses membres, et nous verrons ci-après qu'il ne peut nuire à aucun en particulier. Le souverain, par cela seul qu'il est, est toujours tout ce qu'il doit être [2];

Mais il n'en est pas ainsi des sujets envers le sou-

1 Ceci est irréprochable.

2. Voilà le grand, le dangereux, le criminel sophisme, celui qui absout d'avance tous les écarts et toutes les folies du « souverain », qui le dispense de s'éclairer, de raisonner, et qui autorise la majorité

verain, auquel, malgré l'intérêt commun, rien ne répondrait de leurs engagements, s'il ne trouvait des moyens de s'assurer de leur fidélité.

En effet, chaque individu peut, comme homme, avoir une volonté particulière, contraire ou dissemblable à la volonté générale qu'il a comme citoyen. Son intérêt particulier peut lui parler tout autrement que l'intérêt commun; son existence absolue, et naturellement indépendante, peut lui faire envisager ce qu'il doit à la cause commune comme une contribution gratuite, dont la perte sera moins nuisible aux autres que le payement n'en est onéreux pour lui; et regardant la personne morale qui constitue l'État comme un être de raison, parce que ce n'est pas un homme, il jouirait des droits du citoyen sans vouloir remplir les devoirs du sujet : injustice dont le progrès causerait la ruine du corps politique [1].

Afin donc que le pacte social ne soit pas un vain

de ceux dont il se forme à dicter simplement leurs volontés sans se préoccuper de rien autre. Rousseau aura beau corriger ou plutôt démentir cette déclaration par des propositions fort différentes. C'est elle qui aura le plus de retentissement et d'action.

1. Pris en lui-même, tout ce paragraphe est d'une vérité indiscutable. Les particuliers sont en effet trop tentés de croire que nuire à l'État (en fraudant sur l'impôt, en fraudant dans les concours, en éludant le plus possible sa part des obligations communes) c'est ne nuire à personne. Erreur profonde! C'est nuire à tous et à soi-même, car c'est détruire, autant qu'il est en soi, la force des engagements dont on profite.

Mais il faut toujours faire cette réserve, que le corps social ne peut s'imposer ainsi à l'individu dans ce qui ne regarde que l'individu, à plus forte raison dans ce qui n'intéresse

formulaire, il renferme tacitement cet engagement, qui seul peut donner de la force aux autres : que quiconque refusera d'obéir à la volonté générale y sera contraint par tout le corps ; ce qui ne signifie autre chose sinon qu'on le forcera d'être libre : car telle est la condition qui, donnant chaque citoyen à la patrie, le garantit de toute dépendance personnelle ; condition qui fait l'artifice et le jeu de la machine politique, et qui seule rend légitimes les engagements civils, lesquels sans cela seraient absurdes, tyranniques et sujets aux plus énormes abus.

VIII. — De l'état civil.

Ce passage de l'état de nature à l'état civil produit dans l'homme un changement très remarquable, en substituant dans sa conduite la justice à l'instinct, et donnant à ses actions la moralité qui leur manquait auparavant. C'est alors seulement que la voix du devoir, succédant à l'impulsion physique, et le droit à l'appétit, l'homme, qui, jusque-là, n'avait regardé que lui-même, se voit forcé d'agir sur d'autres principes, et de consulter sa raison avant d'écouter ses penchants. Quoiqu'il se prive dans cet état de plusieurs avantages qu'il tient de la nature, il en regagne de si grands, ses facultés s'exercent et se développent, ses idées s'étendent, ses sentiments s'ennoblissent, son âme tout entière

qu'une destinée future, la- quand le lien social humain quelle s'accomplira précisément aura été dissous par la mort.

reste pour somme des différences la volonté générale.

Si, quand le peuple, suffisamment informé[1], délibère, les citoyens n'avaient aucune communication entre eux, du grand nombre de petites différences résulterait toujours la volonté générale, et la délibération serait toujours bonne. Mais quand il se fait des brigues, des associations partielles aux dépens de la grande, la volonté de chacune de ces associations devient générale par rapport à ses membres, et particulière par rapport à l'État; on peut dire alors qu'il n'y a plus autant de votants que d'hommes, mais seulement autant que d'associations : les différences deviennent moins nombreuses et donnent un résultat moins général. Enfin, quand une de ces associations est si grande qu'elle l'emporte sur toutes les autres, vous n'avez plus pour résultat une somme de petites différences, mais une différence unique; alors il n'y a plus de

M. d'A., a des principes différents. L'accord de deux intérêts particuliers se forme par opposition à celui d'un tiers. » Il eût pu ajouter que l'accord de tous les intérêts se forme par opposition à celui de chacun. S'il n'y avait point d'intérêts différents, à peine sentirait-on l'intérêt commun qui ne trouverait jamais d'obstacle : tout irait de lui-même, et la politique cesserait d'être un art. » (Note de Rousseau).

1. Soit! mais quand est-il suffisamment informé? Car ce n'est pas le tout d'avoir telle ou telle quantité d'informations; il y faut aussi la qualité. Qui niera que la presse, qui contribue souvent à éclairer l'opinion publique, contribue souvent aussi à l'égarer? — Ceci n'est pas pour prêcher le pessimisme et l'abstention, mais pour faire voir combien sont chimériques ces formules, que la délibération du peuple est toujours bonne, sa volonté toujours droite... etc.

volonté générale, et l'avis qui l'emporte n'est qu'un avis particulier.

Il importe donc, pour avoir bien l'énoncé de la volonté générale, qu'il n'y ait pas de société partielle dans l'État, et que chaque citoyen n'opine que d'après lui [1]. Telle fut l'unique et sublime institution du grand Lycurgue [2]. Que s'il y a des sociétes partielles, il en faut multiplier le nom-

[1] « Vera cosa è, dit Machiavel, che alcune divisioni nuocono alle Repubbliche, e alcune giovano, quelle nuocono che sono d'alle sette e da partigiani accompagnete : quelle nagiovano, che senza sette, senza partigiani, si mantengono. Non potendo adunque provedere un fundatore d'una Repubblica che non siano inimicizie in quelle, ha da proveder al meno che non viasiano sette. » (*Hist. Florent.*, liv. VII.) (Note de Rousseau.)

[2] Voilà encore une erreur funeste, que l'école révolutionnaire a propagée, que nos divers gouvernements ont eu le tort immense d'adopter, et contre laquelle tous les hommes d'équité et de bon sens essaient aujourd'hui de réagir. Qui ne voit que si chaque citoyen opine d'après lui seul, il y a toutes les chances possibles pour que l'immense majorité juge au hasard ou bien pour qu'elle se laisse conduire aveuglément par ceux qui abusent du pouvoir dans un intérêt de parti ? Tous les intérêts légitimes doivent pouvoir se grouper, non seulement pour s'éclairer et pour se défendre, mais pour faire profiter la nation entière de la force qu'ils créent par le rapprochement de leurs énergies respectives. C'est surtout dans la lutte internationale (devenue si vive) du commerce et de l'industrie qu'on en sent la nécessité. Le système politique qui a mis l'individu seul et isolé en face du pouvoir n'a pas fait œuvre d'émancipation, mais de tyrannie.

Tous les politiciens issus de Rousseau et de ses disciples de la Convention n'ont que trop appliqué — sous tous les régimes de ce siècle, — ces maximes désolantes, en imposant aux enfants la séparation d'avec la famille par le morcellement obligé et ruineux des successions, en séparant les ouvriers d'avec les patrons, en semant partout, avec

autres puissances que par le droit de premier occupant qu'il tient des particuliers.

Le droit de premier occupant, quoique plus réel que celui du plus fort, ne devient un vrai droit qu'après l'établissement de celui de propriété. Tout homme a naturellement droit à tout ce qui lui est nécessaire [1]; mais l'acte positif qui le rend propriétaire de quelque bien l'exclut de tout le reste. Sa part étant faite, il doit s'y borner, et n'a plus aucun droit à la communauté. Voilà pourquoi le droit de premier occupant, si faible dans l'état de nature, est respectable à tout homme civil. On respecte moins dans ce droit ce qui est à autrui que ce qui n'est pas à soi.

En général, pour autoriser sur un terrain quelconque le droit de premier occupant, il faut les conditions suivantes : premièrement, que ce terrain ne soit encore habité par personne ; secondement, qu'on n'en occupe que la quantité dont on a besoin pour subsister ; en troisième lieu, qu'on en prenne possession, non par une vaine cérémonie, mais par le travail et la culture, seul signe de propriété qui, au défaut de titres juridiques, doive être respecté d'autrui [2].

En effet, accorder au besoin et au travail le droit de premier occupant, n'est-ce pas l'étendre aussi

l'esprit du système a réagi en lui, et il s'est fâcheusement repris en ajoutant : « au moins pour les étrangers... » et la suite.

1. A la condition cependant qu'il fasse son possible pour le gagner. Qui veut manger doit travailler, dit saint Paul.

2. Ceci complète heureusement ce qui a été dit plus haut sur le droit de propriété.

loin qu'il peut aller? Peut-on ne pas donner des bornes à ce droit? Suffira-t-il de mettre le pied sur un terrain commun pour s'en prétendre aussitôt le maître? Suffira-t-il d'avoir la force d'en écarter un moment les autres hommes pour leur ôter le droit d'y jamais revenir? Comment un homme ou un peuple peut-il s'emparer d'un territoire immense et en priver tout le genre humain autrement que par une usurpation punissable, puisqu'elle ôte au reste des hommes le séjour et les aliments que la nature leur donne en commun? Quand Nuñez Balbao prenait sur le rivage possession de la mer du Sud et de toute l'Amérique méridionale, au nom de la couronne de Castille, était-ce assez pour en déposséder tous les habitants et en exclure tous les princes du monde? Sur ce pied-là, ces cérémonies se multipliaient assez vainement, et le roi catholique n'avait tout d'un coup qu'à prendre de son cabinet possession de tout l'univers, sauf à retrancher ensuite de son empire ce qui était auparavant possédé par les autres princes [1].

On conçoit comment les terres des particuliers, réunies et continues, deviennent le territoire public, et comment le droit de souveraineté, s'étendant des sujets au terrain qu'ils occupent, devient à la fois réel et personnel; ce qui met les pos-

1. Tout ce paragraphe est d'une grande justesse. — Il est bien reconnu d'ailleurs aujourd'hui dans le droit international qu'un peuple ne peut s'attribuer une terre même inoccupée qu'à la condition d'y faire au moins ce qu'on appelle « un commencement d'établissement ».

sesseurs dans une plus grande dépendance, et fait de leurs forces mêmes les garants de leur fidélité. Avantage qui ne paraît pas avoir été bien senti des anciens monarques, qui, ne s'appelant que rois des Perses, des Scythes, des Macédoniens, semblaient se regarder comme les chefs des hommes plutôt que comme les maîtres du pays. Ceux d'aujourd'hui s'appellent plus habilement rois de France, d'Espagne, d'Angleterre, etc [1]. En tenant ainsi le terrain, ils sont bien sûrs d'en tenir les habitants.

Ce qu'il y a de singulier dans cette aliénation, c'est que, loin qu'en acceptant les biens des particuliers la communauté les en dépouille, elle ne fait que leur en assurer la légitime possession, changer l'usurpation [2] en un véritable droit, et la jouissance en propriété. Alors les possesseurs étant considérés comme dépositaires du bien public, leurs droits étant respectés de tous les membres de l'État, et maintenus de toutes ses forces contre l'étranger, par une cession avantageuse au public et plus en-

1. On sait que Louis Philippe 1ᵉʳ avait voulu marquer sa distinction d'avec les rois d'ancien régime en s'appelant « roi des Français ». Quant aux anciens rois des « Scythes et des Macédoniens », il est douteux qu'ils en aient vu si long.

2. Il est probable que ce mot est pris ici au sens latin du mot *usurpatio* qui veut dire appropriation d'une chose par l'*usage* qu'on en fait et le travail qu'on y applique. Il est certain : 1° que cette appropriation n'a rien d'immoral ni de contraire au droit (bien entendu lorsqu'elle s'exerce sur une chose qui n'a pas encore été appropriée par un autre); 2° que cependant, chez tout peuple organisé, elle doit être sanctionnée par la loi, sous des conditions fixées par la loi.

On a souvent soutenu que les Pères de l'Église avaient condamné le droit de propriété

core à eux-mêmes, ils ont, pour ainsi dire, acquis ce qu'ils ont donné : paradoxe qui s'applique aisément par la distinction des droits que le souverain et le propriétaire ont sur le même fonds, comme on verra ci-après[1].

Il peut arriver aussi que les hommes commencent à s'unir avant que de rien posséder, et que, s'emparant ensuite d'un terrain suffisant pour tous, ils en jouissent en commun, ou qu'ils le partagent entre eux, soit également, soit selon les propositions établies par le souverain[2]. De quelque manière que se fasse cette acquisition, le droit que chaque particulier a sur son propre fonds est toujours subor-

individuelle parce que l'un d'eux, saint Ambroise, a écrit : usurpatio fecit jus privatum. C'est un grossier contre-sens. Jamais en latin usurpatio, tout seul, n'a voulu désigner ce que nous appelons usurpation. Quand les latins voulaient exprimer cette dernière idée, ils disaient *illicita usurpatio*.

1. Voici ce que Rousseau veut dire : Si votre bien n'était qu'à vous, l'État n'aurait aucun motif de vous le garantir; mais comme il est en quelque sorte à lui par l'abandon que vous avez fait de votre personne et de vos biens, l'État défend sa propriété en défendant la vôtre. — Il y a du vrai dans cette théorie. Supposons que vous alliez vous approprier un coin de terre inoccupé dans le Soudan, dans les Nouvelles Hébrides; vous n'en deviendrez le propriétaire sûr et garanti que si vous donnez votre territoire à la France, et que si celle-ci l'acceptant y étend sa souveraineté pour défendre votre bien. — Mais ce don que vous en faites et qui vous oblige à accepter les lois de votre pays, ses impôts, ses obligations militaires ou autres, en échange de sa protection, n'est pas un don absolu ni une aliénation totale. C'est toujours, on le voit, la même réserve à faire et à maintenir.

2. Cela est juste : *la forme* du droit de propriété est contingente, et il y a encore aujourd'hui des propriétés collectives qui sont parfaitement légitimes.

donné au droit que la communauté a sur tous ; sans quoi, il n'y aurait ni solidité dans le lien social, ni force réelle dans l'exercice de la souveraineté.

Je terminerai ce chapitre et ce livre par une remarque qui doit servir de base à tout le système social : c'est qu'au lieu de détruire l'égalité naturelle, le pacte fondamental substitue au contraire une égalité morale et légitime à ce que la nature avait pu mettre d'inégalité physique entre les hommes [1], et que, pouvant être inégaux en force ou en génie, ils deviennent tous égaux par convention et de droit [2].

1. La contradiction avec les idées les plus connues de Rousseau serait vraiment trop forte si l'auteur n'entendait ici, comme nous l'avons expliqué, le *second* état de nature où il n'y a plus l'indépendance première et où il n'y a pas encore organisation.

2. « Sous les mauvais gouvernements, cette égalité n'est qu'apparente et illusoire : elle ne sert qu'à maintenir le pauvre dans sa misère et le riche dans son usurpation. Dans le fait, les lois sont toujours utiles à ceux qui possèdent et nuisent à ceux qui n'ont rien ; d'où il suit que l'état social n'est avantageux aux hommes qu'autant qu'ils ont tous quelque chose et qu'aucun d'eux n'a rien de trop. » (Note de Rousseau qui, à la réflexion, veut discréditer même l'état social dont il se fait ici le législateur).

Disons pour résumer tout le premier livre et les critiques que nous avons adressées à l'auteur : oui, la société et surtout la société bien organisée est essentiellement un état de droit, parce que tous les rapports des hommes entre eux y sont, — y doivent, en tout cas — être réglés conformément à la raison et à la justice. Mais il est inacceptable que cette justice soit créée par une convention se substituant à la nature. La nature même de l'homme tendait à la justice et sentait la nécessité de faire prédominer, autant que possible, la raison sur la passion.

LIVRE II

I. — Que la souveraineté est inaliénable.

La première et la plus importante conséquence
des principes ci-devant établis est que la volonté
générale peut seule diriger les forces de l'État selon
la fin de son institution, qui est le bien commun;
car si l'opposition des intérêts particuliers a rendu
nécessaire l'établissement des sociétés [1], c'est l'accord de ces mêmes intérêts qui l'a rendu possible.
C'est ce qu'il y a de commun dans ces différents
intérêts qui forme le lien social; et, s'il n'y avait
pas quelque point dans lequel tous les intérêts s'accordent, nulle société ne saurait exister. Or, c'est
uniquement sur cet intérêt commun que la société
doit être gouvernée.

Je dis donc que la souveraineté, n'étant que
l'exercice de la volonté générale, ne peut jamais
s'aliéner, et que le souverain, qui n'est qu'un être
collectif, ne peut être représenté que par lui-même [2];

---

1. Rousseau veut toujours
dire qu'elle l'a rendu nécessaire... quand les hommes se
sont trouvés hors de l'état premier et incapables d'y rentrer.

2. « Ne peut être représenté
que par lui-même. » Ce serait
— au moins pour les actes
décisifs — la suppression de la
représentation et le gouvernement direct du peuple par le
plébiscite ou le referendum. —

le pouvoir peut bien se transmettre, mais non pas la volonté.

En effet, s'il n'est pas impossible qu'une volonté particulière s'accorde, sur quelque point, avec la volonté générale, il est impossible au moins que cet accord soit durable et constant; car la volonté particulière tend, par sa nature, aux préférences, et la volonté générale à l'égalité. Il est plus impossible encore qu'on ait un garant de cet accord; quand même il devrait toujours exister, ce ne serait pas un effet de l'art, mais du hasard. Le souverain peut bien dire : je veux actuellement ce que veut un tel homme, ou du moins ce qu'il dit vouloir; mais il ne peut pas dire : ce que cet homme voudra demain, je le voudrai encore, puisqu'il est absurde que la volonté se donne des chaînes pour l'avenir, et puisqu'il ne dépend d'aucune volonté de consentir à rien de contraire au bien de l'être qui veut. Si donc le peuple promet simplement d'obéir[1], il se dissout par cet acte; il perd sa qualité

Rousseau a souvent exprimé cette idée. Il trouvait les anglais « stupides » de laisser à leurs députés de trop longs pouvoirs.

1. Promet « simplement » d'obéir, cela veut dire ici : promet d'obéir en quoi que ce soit, n'importe à quoi, n'importe comment. L'auteur entend que la souveraineté réside dans l'ensemble du corps social et que le consentement de la nation est nécessaire pour que le prince ou le gouvernement auquel elle a délégué l'exercice du pouvoir ait le droit de se faire obéir. — Il est difficile et dangereux de discuter sur le droit du peuple à changer de gouvernement, car il vaut toujours mieux bien pratiquer et améliorer celui qu'on a. Dans certaines constitutions — dont la nôtre actuellement — la révision de cette constitution même a été prévue et la procédure de la révision réglée

de peuple : à l'instant qu'il y a un maître, il n'y a plus de souverain, et dès lors le corps politique est détruit.

Ce n'est point à dire que les ordres des chefs ne puissent passer pour des volontés générales, tant que le souverain, libre de s'y opposer, ne le fait pas. En pareil cas, du silence universel on doit présumer le consentement du peuple. Ceci s'expliquera plus au long.

II. — Que la souveraineté est indivisible.

Par la même raison que la souveraineté est inaliénable, elle est indivisible ; car la volonté est générale [1], ou elle ne l'est pas ; elle est celle du corps du peuple, ou seulement d'une partie. Dans le premier cas, cette volonté déclarée est un acte de souveraineté et fait loi ; dans le second, ce n'est qu'une volonté particulière ou un acte de magistrature ; c'est un décret tout au plus.

Mais nos politiques, ne pouvant diviser la souveraineté dans son principe, la divisent en force et

d'avance. C'est en somme, à notre époque surtout, un avantage. Mais si Rousseau et ses disciples tiennent à sauvegarder la liberté du corps social à l'égard de ceux qui le gouvernent, ils sont loin d'avoir un égal souci d'assurer la liberté des individus ou celle des minorités à l'égard de la majorité du corps social.

C'est encore là une distinction qu'il ne faut point perdre de vue.

1. « Pour qu'une volonté soit générale, il n'est pas toujours nécessaire qu'elle soit unanime : mais il est nécessaire que toutes les voix soient comptées ; toute exclusion formelle rompt la généralité. » (Note de Rousseau).

en volonté, en puissance législative et en puissance exécutive, en droits d'impôts, de justice et de guerre, en administration intérieure et en pouvoir de traiter avec l'étranger; tantôt ils confondent toutes ces parties, et tantôt ils les séparent; ils font du souverain un être fantastique et formé de pièces rapportées; c'est comme s'ils composaient l'homme de plusieurs corps, dont l'un aurait des yeux, l'autre des bras, l'autre des pieds; et rien de plus[1]. Les charlatans du Japon dépècent, dit-on, un enfant aux yeux des spectateurs : puis, jetant en l'air tous

1. Ce fragment de polémique contre la séparation des pouvoirs (que recommande tant Montesquieu, *Esprit des lois*, livre XI, ch. 6) est fort spirituel, et il comprend un fond de vérité; mais n'y a-t-il pas là une question de mots? Assurément, ni la magistrature ni l'armée, par exemple, ne doivent former des États dans l'État. Chaque pouvoir particulier est bien une émanation de la souveraineté publique; mais cette souveraineté même a intérêt à ce que ses décisions soient bien éclairées, ses actes bien dirigés, ce qui n'est possible que par une certaine division du travail créant des responsabilités distinctes, mais donnant, avec une juste indépendance, le moyen d'y faire honneur. Sans doute il ne faut pas plusieurs corps dont l'un n'aurait que des yeux et l'autre que des pieds. Mais encore faut-il que les pieds n'aient pas la prétention de se passer des yeux et surtout d'y voir à leur place. — En résumé, ceux qui croient qu'il y a une vérité et un droit qui existent et qu'il s'agit de dégager, ceux-là voudront que les hommes chargés de rendre la justice s'en acquittent avec une juste liberté. Ceux qui croient que le souverain ne peut pas se tromper et que tout ce qu'il veut est bien par cela seul qu'il le veut, ceux-là ne trouveront jamais le pouvoir judiciaire assez subordonné au bon plaisir de la majorité et de ceux auxquels elle a laissé prendre le gouvernement général du pays. — On verra du reste tout à l'heure que Rousseau va singulièrement restreindre la portée de cet optimisme.

ses membres l'un après l'autre, ils font retomber l'enfant vivant et tout rassemblé. Tels sont à peu près les tours de gobelets de nos politiques; après avoir démembré le corps social par un prestige digne de la foire, ils rassemblent les pièces on ne sait comment.

Cette erreur vient de ne s'être pas fait des notions exactes de l'autorité souveraine, et d'avoir pris pour des parties de cette autorité ce qui n'en était que des émanations. Ainsi, par exemple, on a regardé l'acte de déclarer la guerre et celui de faire la paix comme des actes de souveraineté; ce qui n'est pas, puisque chacun de ces actes n'est point une loi, mais seulement une application de la loi, un acte particulier qui détermine le cas de la loi [1], comme on le verra clairement quand l'idée attachée au mot *loi* sera fixée.

En suivant de même les autres divisions, on trouverait que toutes les fois qu'on croit voir la souveraineté partagée, on se trompe; que les droits

1. Dans sa septième « lettre de la montagne », Rousseau s'est expliqué plus clairement : « Par les principes établis dans le *Contrat social*, on voit que, malgré l'opinion commune, les alliances d'État à État, les déclarations de guerre et les traités de paix ne sont pas des actes de souveraineté, mais de gouvernement, et ce sentiment est conforme à l'usage des nations qui ont le mieux connu les vrais principes du devoir politique. L'exercice extérieur ne convient point au peuple, les grandes maximes d'État ne sont pas à sa portée; il doit s'en rapporter à ses chefs, qui, toujours plus éclairés que lui sur ce point, n'ont guère intérêt à faire au dehors des traités désavantageux à la patrie... »

Plus bas (ch. VI), Rousseau va encore dénier au peuple la capacité législative.

qu'on prend pour des parties de cette souveraineté
lui sont tous subordonnés, et supposent toujours
des volontés suprêmes dont ces droits ne donnent
que l'exécution.

On ne saurait dire combien ce défaut d'exactitude
a jeté d'obscurité sur les décisions des auteurs en
matière de droit politique, quand ils ont voulu
juger des droits respectifs des rois et des peuples,
sur les principes qu'ils avaient établis. Chacun
peut voir, dans les chapitres III et IV du premier
livre de Grotius, comment ce savant homme et
son traducteur Barbeyrac s'enchevêtrent, s'em-
barrassent dans leurs sophismes, crainte d'en dire
trop ou de n'en pas dire assez, selon leurs vues,
et de choquer les intérêts qu'ils avaient à concilier. Grotius, réfugié en France, mécontent de
sa patrie, et voulant faire sa cour à Louis XIII,
à qui son livre est dédié, n'épargne rien pour dépouiller les peuples de tous leurs droits, et pour
en revêtir les rois avec tout l'art possible. C'eût
été bien aussi le goût de Barbeyrac, qui dédiait
sa traduction au roi d'Angleterre, George Ier.
Mais malheureusement l'expulsion de Jacques II,
qu'il appelle abdication, le forçait à se tenir
sur la réserve, à gauchir, à tergiverser, pour ne
pas faire de Guillaume un usurpateur. Si ces deux
écrivains avaient adopté les vrais principes, toutes
les difficultés étaient levées, et ils eussent été toujours conséquents ; mais ils auraient tristement dit
la vérité, et n'auraient fait leur cour qu'au peuple.
Or, la vérité ne mène point à la fortune, et le

peuple ne donne ni ambassades, ni chaires, ni pensions [1].

III. — Si la volonté générale peut errer.

Il s'ensuit de ce qui précède que la volonté générale est toujours droite et tend toujours à l'utilité publique; mais il ne s'ensuit pas que les délibérations du peuple aient toujours la même rectitude. On veut toujours son bien, mais on ne le voit pas toujours; jamais on ne corrompt le peuple [2], mais souvent on le trompe, et c'est alors seulement qu'il paraît vouloir ce qui est mal.

Il y a souvent bien de la différence entre la volonté de tous et la volonté générale : celle-ci ne regarde qu'à l'intérêt commun, l'autre regarde à l'intérêt privé, et n'est qu'une somme de volontés particulières; mais ôtez de ces mêmes volontés les plus et les moins qui s'entre-détruisent [3],

1. Cela pouvait être vrai en France au temps de Rousseau; cela n'a pas toujours été et surtout n'est pas resté vrai. On a vu le peuple donner beaucoup de choses et même des choses ne lui appartenant pas.

2. Voilà une assertion bien contredite par les psychologues et sociologues contemporains; car quelques-uns (par une autre exagération) vont jusqu'à dire que les hommes mettent toujours en commun leurs méchancetés et leurs sottises, mais point leurs vertus. Il y aurait lieu de faire ici de nombreuses distinctions, par exemple, entre une foule accidentelle — aisément entraînée à toutes les violences et à toutes les lâchetés — et un peuple qui a son histoire, ses intérêts, ses destinées et à qui le jeu régulier de ses institutions politiques donne le temps de la réflexion. En tout cas, l'optimisme absolu de Rousseau dans ce passage est inacceptable.

3. « Chaque intérêt, dit le

s'élève à tel point, que, si les abus de cette nouvelle condition ne le dégradaient souvent au-dessous de celle dont il est sorti, il devrait bénir sans cesse l'instant heureux qui l'en arracha pour jamais, et qui, d'un animal stupide et borné, fit un être intelligent et un homme [1].

Réduisons toute cette balance à des termes faciles à comparer. Ce que l'homme perd par le contrat social, c'est sa liberté naturelle et un droit illimité à tout ce qui le tente et qu'il peut atteindre; ce qu'il gagne, c'est la liberté civile et la propriété de tout ce qu'il possède [2]. Pour ne pas se tromper dans ces compensations, il faut bien distinguer la liberté naturelle, qui n'a pour borne que les forces de l'individu, de la liberté civile, qui est limitée par la liberté générale, et la possession, qui n'est que l'effet de la force ou le droit du premier occupant, de la propriété, qui ne peut être fondée que sur un titre positif.

On pourrait sur ce qui précède ajouter à l'acquit

1. On trouvera que Rousseau se laisse aller ici à une sévérité bien inattendue contre un état naturel dont il a fait un si grand éloge et qu'il a si souvent mis au-dessus de l'état social. Il n'est pas sans s'en apercevoir; car il essaie de pallier sa contradiction en disant que les abus de la nouvelle condition mettent *souvent* l'homme au-dessous de celle dont il est sorti.

2. Il ne « perd » pas un droit « illimité »; car il n'en a jamais eu de tel. Ce qu'il sacrifie, c'est l'espoir, — bien illusoire du reste, — de pouvoir prétendre, sous ses risques et périls, à la satisfaction de tous ses caprices. D'autre part, la société n'octroie pas « la propriété » comme un don gratuit; elle met « en repos et en sûreté », comme dit Bossuet, celle qui a été légitimement acquise d'après des règles reconnues.

de l'état civil la liberté morale, qui seule rend l'homme vraiment maître de lui, car l'impulsion du seul appétit est l'esclavage, et l'obéissance à la loi qu'on s'est prescrite est la liberté [1]. Mais je n'en ai déjà que trop dit sur cet article, et le sens philosophique du mot *liberté* n'est pas ici de mon sujet.

IX. — Du domaine réel [2].

Chaque membre de la communauté se donne à elle au moment qu'elle se forme, tel qu'il se trouve actuellement, lui et toutes ses forces, dont les biens qu'il possède font partie. Ce n'est pas que par cet acte la possession change de nature en changeant de mains, et devienne propriété [3] dans celles du souverain; mais comme les forces de la cité sont incomparablement plus grandes que celles d'un particulier, la possession publique est aussi dans le fait plus forte et plus irrévocable, sans être plus légitime, au moins pour les étrangers; car l'État, à l'égard de ses membres, est maître de tous leurs biens [4] par le contrat social, qui, dans l'État, sert de base à tous les droits [5]; mais il ne l'est, à l'égard des

1. Oui, pourvu que la loi soit juste et morale.

2. C'est-à-dire de la propriété des choses (*res*).

3. La possession est le fait; la propriété est le droit.

4. Il peut l'être en fait, puisqu'il a la force de les déposséder (comme la Révolution l'a fait pour les biens du clergé, en s'inspirant de ces idées de Rousseau); mais il ne l'est pas en droit.

5. De base à l'organisation de la défense du droit, non de base au droit.

Qu'on étudie cette phrase; l'auteur subissait l'ascendant de la vérité quand il a écrit la première partie jusqu'à ces mots « sans devenir plus légitime »; mais à partir de là,

bre [1] et en prévenir l'inégalité, comme firent Solon, Numa, Servius. Ces précautions sont les seules bonnes pour que la volonté générale soit toujours éclairée et que le peuple ne se trompe point.

IV. — Des bornes du pouvoir souverain.

Si l'État ou la cité n'est qu'une personne morale, dont la vie consiste dans l'union de ses membres, et si le plus important de ses soins est celui de sa propre conservation, il lui faut une force universelle et compulsive pour mouvoir et disposer chaque

la défiance des supériorités, la division universelle, bref, en suggérant à tous de substituer au sentiment de la communauté des intérêts un individualisme dont ne profitent que les monteurs d'affaires et les spéculateurs sans scrupules. Assurément il ne saurait être question de réclamer à nouveau des groupements contraints et par conséquent artificiels ; mais il serait élémentaire de donner toute liberté d'en former sous des conditions fixées par les lois.

1. Cette proposition corrige un peu la précédente et elle contient une idée dont la justesse nous frappe surtout aujourd'hui. Quand on a pu croire que la liberté d'association était réservée (par la loi de 1884) aux seuls syndicats ouvriers, on a vu naître tout de suite des abus et des dangers considérables. Abus et dangers ont déjà été diminués par la liberté d'action des syndicats agricoles. Ils le seront encore davantage quand les hommes désintéressés qui veulent faire du bien ou mettre en commun des idées morales pourront s'associer aussi librement que ceux dont le seul but est le lucre. Ils le seront enfin quand une loi de droit commun aura accordé la liberté d'association à tous les citoyens, en n'exceptant que les malfaiteurs. Il n'y a rien là qui puisse compromettre la force du sentiment national. Tout homme à qui sa patrie accorde une liberté (raisonnable) de plus, a un motif de plus de s'attacher à sa patrie, de l'aimer et de la défendre.

partie de la manière la plus convenable au tout. Comme la nature donne à chaque homme un pouvoir absolu sur tous ses membres, le pacte social donne au corps politique un pouvoir absolu sur tous les siens [1], et c'est ce même pouvoir, qui, dirigé par la volonté générale, porte, comme j'ai dit, le nom de souveraineté.

Mais, outre la personne publique, nous avons à considérer les personnes privées qui la composent, et dont la vie et la liberté sont naturellement indépendantes d'elles. Il s'agit donc de bien distinguer les droits respectifs des citoyens et du souverain [2], et les devoirs qu'ont à remplir les premiers en qualité de sujets du droit naturel dont ils doivent jouir en qualité d'hommes.

On convient que tout ce que chacun aliène par le

---

1. Il faut rejeter absolument cette comparaison. Le pied, la main, l'estomac d'un corps humain ne sont pas des individualités, à plus forte raison des personnes. Chaque « membre » de l'État est au contraire une personne douée de conscience et responsable d'elle-même et qui ne saurait, sans dégradation, attendre « la force compulsive » d'une puissance extérieure ayant sur elle « un pouvoir absolu ». La dignité, la force même du souverain demandent qu'il règle et dirige des activités s'étant spontanément mises en action d'elles-mêmes, et non qu'il ait la prétention d'être seul à les tirer de l'inertie.

On sait du reste que les théories les plus modernes sur l'action du système nerveux central donnent à celui-ci un rôle harmonisateur et inhibitoire beaucoup plus qu'un rôle d'initiateur et de créateur de l'énergie. Par conséquent le système de Rousseau n'a même plus la ressource de pouvoir invoquer la comparaison tirée de la physiologie du corps humain.

2. « Lecteurs attentifs, ne vous pressez pas, je vous prie, de m'accuser ici de contradiction. Je n'ai pu l'éviter dans les termes, vu la pauvreté de la langue, mais attendez. » (Note de Rousseau.)

pacte social de sa puissance, de ses biens, de sa liberté, c'est seulement la partie de tout cela dont l'usage importe à la communauté [1]; mais il faut convenir aussi que le souverain seul est juge de cette importance.

Tous les services qu'un citoyen peut rendre à l'État, il les lui doit sitôt que le souverain les demande : mais le souverain, de son côté, ne peut charger les sujets d'aucune chaîne inutile à la communauté; il ne peut pas même le vouloir : car, sous

1. Dans le premier manuscrit du *Contrat social*, le paragraphe s'arrêtait là. Il était alors irréprochable, mais il suffisait à détruire la majeure partie de la doctrine de son auteur. Aussi Rousseau, en publiant son volume, a-t-il ajouté la restriction de la dernière phrase. On sait l'usage qu'en font des pouvoirs tels que la Convention.

Sans doute, le souverain est seul juge *en fait*, parce qu'en cas de désaccord il faut bien qu'il y ait une décision qui le termine; autrement c'est la guerre. Mais enfin, en matière de procès, le juge même qui prononce en dernier ressort ne prononce pas d'après sa fantaisie ou d'après un intérêt passager; il doit justifier sa décision par des considérants qui établissent comment il est d'accord avec la loi. Eh bien! cette loi même doit prouver, devant l'opinion publique, qu'elle est d'accord avec la raison et la justice. Et cela importe infiniment, parce qu'alors justice et raison gardent un recours.

Sans doute, il y a des cas délicats et difficiles. On dira, par exemple : « Qui sera vraiment juge de ce qui est du ressort de la conscience et de ce qui appartient au bien public, à l'ordre public? » Évidemment il n'y a pas ici de mesure comme les mesures astronomiques ou comme la balance. Il y faut la bonne volonté des gens et une certaine dose de tolérance réciproque. Ajoutons que l'existence d'un pouvoir tout spirituel, pouvant tenir en échec, par le seul ascendant moral, les entreprises du pouvoir matériel, est une garantie dont l'humanité ne saurait se priver sans péril.

la loi de raison, rien ne se fait sans cause, non plus que sous la loi de nature.

Les engagements qui nous lient au corps social ne sont obligatoires que parce qu'ils sont mutuels, et leur nature est telle, qu'en les remplissant on ne peut travailler pour autrui sans travailler aussi pour soi. Pourquoi la volonté générale est-elle toujours droite, et pourquoi tous veulent-ils constamment le bonheur de chacun d'eux, si ce n'est parce qu'il n'y a personne qui ne s'approprie ce mot *chacun*, et qui ne songe à lui-même en votant pour tous? Ce qui prouve que l'égalité de droit et la notion de justice qu'elle produit dérivent de la préférence que chacun se donne, et par conséquent de la nature de l'homme; que la volonté générale, pour être vraiment telle, doit l'être dans son objet, ainsi que dans son essence; qu'elle doit partir de tous pour s'appliquer à tous, et qu'elle perd sa rectitude naturelle lorsqu'elle tend à quelque objet individuel et déterminé, parce qu'alors, jugeant de ce qui nous est étranger, nous n'avons aucun vrai principe d'équité qui nous guide [1].

En effet, sitôt qu'il s'agit d'un fait ou d'un droit particulier, sur un point qui n'a pas été réglé par une convention générale et antérieure, l'affaire

1. Il y a dans ce paragraphe une grande part de vérité qui est à retenir. Les dernières lignes en particulier sont très injustes. Ce qu'on doit repousser ici comme partout, ce sont les expressions absolues telles que : « la volonté générale est toujours droite ». Contentons-nous de dire que quand les hommes délibèrent sur les intérêts communs, dans un conseil, dans une assemblée, dans un tribunal, ils dépouillent

devient contentieuse. C'est un procès où les particuliers intéressés sont une des parties et le public l'autre, mais où je ne vois ni la loi qu'il faut suivre, ni le juge qui doit prononcer. Il serait ridicule de vouloir alors s'en rapporter à une expresse décision de la volonté générale, qui ne peut être que la conclusion de l'une des parties, et qui, par conséquent, n'est pour l'autre qu'une volonté étrangère, particulière, portée en cette occasion à l'injustice et sujette à l'erreur. Ainsi, de même qu'une volonté particulière ne peut représenter la volonté générale, la volonté générale, à son tour, change de nature, ayant un objet particulier, et ne peut, comme générale, prononcer ni sur un homme ni sur un fait[1]. Quand le peuple d'Athènes, par exemple, nommait ou cassait ses chefs, décernait des honneurs à l'un, imposait des peines à l'autre, et, par des multitudes de décrets particuliers, exerçait indistinctement tous les actes du gouvernement, le peuple alors n'avait plus de volonté générale proprement dite, il n'agissait plus comme souverain, mais comme magistrat. Ceci paraîtra contraire aux idées communes, mais il faut me laisser le temps d'exposer les miennes.

habituellement le souci de leur égoïsme ou de leurs passions individuelles et ont alors plus de chance de juger droit. Cela suffit.

1. Cette maxime, très judicieuse, est devenue l'une des règles du droit public. Le législateur ne doit faire que des lois générales; et quand le magistrat juge un particulier, il lui applique une loi générale faite d'avance pour tous les cas analogues, mais dont aucun ne saurait être visé plus que les autres.

On doit concevoir par là que ce qui généralise la volonté est moins le nombre des voix que l'intérêt commun qui les unit; car, dans une institution, chacun se soumet nécessairement aux conditions qu'il impose aux autres; accord admirable de l'intérêt et de la justice, qui donne aux délibérations communes un caractère d'équité qu'on voit s'évanouir dans la discussion de toute affaire particulière, faute d'un intérêt commun qui unisse et identifie la règle du juge avec celle de la partie.

Par quelque côté qu'on remonte au principe, on arrive toujours à la même conclusion; savoir : que le pacte social établit entre les citoyens une telle égalité, qu'ils s'engagent tous sous les mêmes conditions, et doivent jouir tous des mêmes droits. Ainsi, par la nature du pacte, tout acte de souveraineté, c'est-à-dire tout acte authentique de la volonté générale, oblige ou favorise également tous les citoyens, en sorte que le souverain connaît seulement le corps de la nation, et ne distingue aucun de ceux qui la composent. Qu'est-ce donc proprement qu'un acte de souveraineté? Ce n'est pas une convention du supérieur avec l'inférieur, mais une convention du corps avec chacun de ses membres; convention légitime, parce qu'elle a pour base le contrat social; équitable, parce qu'elle est commune à tous; utile, parce qu'elle ne peut avoir d'autre objet que le bien général, et solide, parce qu'elle a pour garant la force publique et le pouvoir suprême. Tant que les sujets ne sont soumis qu'à de telles conventions, ils n'obéissent à personne, mais seulement à leur propre volonté; et demander jusqu'où s'étendent les droits respectifs du souverain et des citoyens, c'est demander jusqu'à quel point ceux-ci peuvent s'engager avec eux-mêmes, chacun envers tous, et tous envers chacun d'eux.

On voit par là que le pouvoir souverain, tout absolu, tout sacré, tout inviolable qu'il est, ne passe ni ne peut passer les bornes des conventions générales, et que tout homme peut disposer pleinement de ce qui lui a été laissé de ses biens et de sa liberté par ces conventions; de sorte que le souverain n'est jamais en droit de charger un sujet plus qu'un autre, parce qu'alors, l'affaire devenant particulière, son pouvoir n'est plus compétent [1].

Ces distinctions une fois admises, il est si faux que dans le contrat social il y ait, de la part des particuliers, aucune renonciation véritable, que leur situation, par l'effet de ce contrat, se trouve réellement préférable à ce qu'elle était auparavant, et qu'au lieu d'une aliénation ils n'ont fait qu'un échange avantageux d'une manière d'être incertaine et précaire contre une autre meilleure et plus sûre, de l'indépendance naturelle contre la liberté, du pouvoir de nuire à autrui contre leur propre sûreté,

---

1. Encore une fin de paragraphe à retenir. Dès que l'affaire est particulière à l'individu, le pouvoir n'est pas *compétent*. Il est vrai qu'on n'empêchera jamais les hommes de différer d'interprétation et d'opinion sur ce qui est exclusivement particulier ou intéresse la communauté tout entière. C'est à ceux qui tiennent aux droits de l'individu à les défendre correctement et utilement.

et de leur force que d'autres pouvaient surmonter contre un droit que l'union sociale rend invincible. Leur vie même, qu'ils ont dévouée à l'État, en est continuellement protégée; et lorsqu'ils l'exposent pour sa défense, que font-ils alors, que lui rendre ce qu'ils ont reçu de lui? Que font-ils qu'ils ne fissent plus fréquemment et avec plus de danger dans l'état de nature, lorsque livrant des combats inévitables, ils défendraient, au péril de leur vie, ce qui leur sert à la conserver? Tous ont à combattre au besoin pour la patrie, il est vrai, mais aussi nul n'a jamais à combattre pour soi. Ne gagne-t-on pas encore à courir, pour ce qui fait notre sûreté, une partie des risques qu'il faudrait courir pour nous-mêmes sitôt qu'elle nous serait ôtée [1]?

V. — Du droit de vie et de mort.

On demande comment les particuliers, n'ayant point droit de disposer de leur propre vie, peuvent transmettre au souverain ce même droit qu'ils n'ont pas. Cette question ne paraît difficile à résoudre que parce qu'elle est mal posée. Tout homme a droit de risquer sa propre vie pour la conserver. A-t-on jamais dit que celui qui se jette par une fenêtre pour échapper à un incendie soit coupable de suicide? A-t-on même jamais imputé ce crime

1. Très juste, cependant il ne faudrait pas se laisser aller à croire que, pour nous avoir tirés d'une situation plus mauvaise, la société soit en droit de nous demander n'importe quoi.

à celui qui périt dans une tempête dont, en s'embarquant, il n'ignore pas le danger?

Le traité social a pour fin la conservation[1] des contractants. Qui veut la fin veut aussi les moyens, et ces moyens sont inséparables de quelques risques, même de quelques pertes. Qui veut conserver sa vie aux dépens des autres, doit la donner aussi pour eux quand il faut. Or, le citoyen n'est plus juge du péril auquel la loi veut qu'il s'expose; et quand le prince lui a dit : Il est expédient à l'État que tu meures, il doit mourir; puisque ce n'est qu'à cette condition qu'il a vécu en sûreté jusqu'alors, et que sa vie n'est plus seulement un bienfait de la nature, mais un don conditionnel de l'État.

La peine de mort infligée aux criminels peut être envisagée à peu près sous le même point de vue; c'est pour n'être pas la victime d'un assassin que l'on consent à mourir, si on le devient. Dans ce traité, loin de disposer de sa propre vie, on ne songe qu'à la garantir, et il n'est pas à présumer qu'un des contractants prémédite de se faire pendre[2].

D'ailleurs tout malfaiteur, attaquant le droit social, devient par ses forfaits rebelle et traître à la patrie; il cesse d'en être membre en violant ses lois, et même il lui fait la guerre. Alors, la conservation de l'État est incompatible avec la sienne; il faut qu'un des deux périsse : et quand on fait mou-

---

1. Non pas seulement leur conservation, mais leur déve-

loppement libre et normal.

2. Aussi juste que spirituel.

rir le coupable, c'est moins comme citoyen que comme ennemi. Les procédures, le jugement, sont les preuves de la déclaration qu'il a rompu le traité social, et, par conséquent, qu'il n'est plus membre de l'État. Or, comme il est reconnu tel, tout au moins par son séjour, il en doit être retranché par l'exil, comme infracteur du pacte, ou par la mort [1], comme ennemi public, car un tel ennemi n'est pas une personne morale, c'est un homme : et c'est alors que le droit de la guerre est de tuer le vaincu.

Mais, dira-t-on, la condamnation d'un criminel est un acte particulier [2]. D'accord : aussi, cette condamnation n'appartient-elle point au souverain ; c'est un droit qu'il peut conférer sans pouvoir l'exercer lui-même. Toutes mes idées se tiennent, mais je ne saurais les exposer toutes à la fois.

Au reste, la fréquence de supplices est toujours un signe de faiblesse ou de paresse dans le gouvernement [3]; il n'y a point de méchant qu'on ne pût rendre bon à quelque chose [4]. On n'a droit de faire

---

1. Ou par la perte de la liberté.

2. Rousseau aurait pu ajouter : « mais se bornant à appliquer une loi générale ».

3. « C'est une remarque perpétuelle des auteurs chinois, que plus dans leur Empire on voyait augmenter les supplices, plus la révolution était prochaine ». (Montesquieu, *Esp. des Lois*, VI, 9).

4. Cela est vrai, mais il ne faut pas être trop difficile sur ce « quelque chose », surtout quand il s'agit de criminels invétérés. On s'est exposé ainsi à des mécomptes bien coûteux en s'imaginant qu'on pouvait « coloniser » avec des malfaiteurs. L'Angleterre, qui avait été la première à en faire l'expérience, a été aussi la première à y renoncer.

mourir, in ne pour l'exemple, que celui qu'on ne peut conserver sans danger[1].

A l'égard du droit de faire grâce ou d'exempter un coupable de la peine portée par la loi et prononcée par le juge, il n'appartient qu'à celui qui est au-dessus du juge et de la loi, c'est-à-dire au souverain; encore son droit en ceci n'est-il pas bien net, et les cas d'en user sont-ils très rares. Dans un État bien gouverné, il y a peu de punitions, non parce qu'on fait beaucoup de grâces, mais parce qu'il y a peu de criminels; la multitude des crimes en assure l'impunité, lorsque l'État dépérit. Sous la république romaine, jamais le sénat ni les consuls ne tentèrent de faire grâce, le peuple même n'en faisait pas, quoiqu'il révoquât quelquefois son propre jugement[2]. Les fréquentes grâces annoncent que bientôt les forfaits n'en auront plus besoin, et chacun voit où cela mène. Mais je sens que mon cœur murmure et retient ma plume; laissons discuter ces questions à l'homme juste qui n'a point failli, et qui jamais n'eut lui-même besoin de grâce.

---

1. Vrai encore : mais on est bien obligé de reconnaître que le danger varie avec l'importance que la société attache aux intérêts lésés.

2. Il faut rappeler ici les maximes profondes et justement célèbres de Montesquieu.

« L'expérience a fait remarquer que, dans les pays où les peines sont douces, l'esprit des citoyens en est frappé, comme il est ailleurs par les grandes.

« Il ne faut point mener les hommes par les voies extrêmes : on doit ménager les moyens que la nature nous donne pour les conduire. Qu'on examine la cause de tous les relâchements : on verra qu'elle vient de l'impunité des crimes et non pas de la modération des peines. » (*Esprit des Lois,* VI, 12).

VI. — De la loi.

Par le pacte social, nous avons donné l'existence et la vie au corps politique; il s'agit maintenant de lui donner le mouvement et la volonté par la législation. Car l'acte primitif par lequel ce corps se forme et s'unit ne détermine rien encore de ce qu'il doit faire pour se conserver.

Ce qui est bien et conforme à l'ordre est tel par la nature des choses et indépendamment des conventions humaines [1]. Toute justice vient de Dieu, lui seul en est la source; mais si nous savions la recevoir de si haut, nous n'aurions besoin ni de gouvernement ni de lois [2]. Sans doute il est une justice

---

1. Concession inattendue et qui, telle qu'elle est formulée là, suffirait à ruiner la plus grande partie du système du Contrat social. Comment l'auteur essaie-t-il de la concilier avec les propositions précédentes? Le voici. Il croit qu'en plaçant si haut l'origine de la justice, il la met dans une région inaccessible, d'où rien ne peut descendre jusqu'à nous. Alors, cette justice idéale une fois réléguée dans un monde avec lequel nous ne communiquons pas, tout est à faire, et c'est la convention qui seule est désormais apte à tout faire.

Rappelons tout ce que l'on a à objecter à cette conclusion 1° De cette région dite inaccessible, est descendue la loi divine, le Décalogue, puis l'Évangile; 2° pour les incroyants eux-mêmes, pour les païens et les infidèles (dont parle saint Paul), l'homme a gardé de son Dieu une notion suffisante pour y trouver rationnellement un idéal de justice, une règle du devoir, qui préexistent aux conventions. servent à les rectifier, et ne sont pas créées par elles.

2. Nous aurions toujours besoin de gouvernement et de lois pour régler l'application des lois universelles à la variété indéfinie et indéfiniment renouvelée des cas particuliers; mais Rousseau ne veut pas se contenter de cette mission pour le pouvoir qu'il rêve.

universelle, émanée de la raison seule; mais cette justice, pour être admise entre nous, doit être réciproque. A considérer humainement les choses, faute de sanction naturelle, les lois de la justice sont vaines parmi les hommes [1]; elles ne font que le bien du méchant et le mal du juste, quand celui-ci les observe avec tout le monde, sans que personne les observe avec lui. Il faut donc des conventions et des lois pour unir les droits aux devoirs et ramener la justice à son objet. Dans l'état de nature, où tout est commun, je ne dois rien à ceux à qui je n'ai rien promis [2]; je ne reconnais pour être à autrui que ce qui m'est inutile. Il n'en est pas ainsi dans l'état civil, où tous les droits sont fixés [3] par la loi.

Mais qu'est-ce donc enfin qu'une loi? Tant qu'on se contentera de n'attacher à ce mot que des idées

---

1. Distinguons avec Rousseau lui-même ces trois choses: la justice, la réciprocité, la sanction. Sans aucun doute, il les faut toutes les trois et il les faut solidement unies. Mais n'oublions pas l'ordre qui les lie. La justice vient en premier lieu, car je dois m'efforcer d'être juste alors même qu'on ne le serait pas à mon égard et alors même que la loi humaine me refuserait la sanction. La réciprocité suppose que ce qui est réciproque est bon en soi. La sanction vient en troisième lieu; encore une fois, il la faut, mais ce n'est ni elle ni le con-trat de réciprocité qui créent la justice.

2. C'est une erreur. — Même dans ce qu'on appelle l'état de nature, je devrais montrer son chemin à un homme égaré, je devrais éveiller l'homme dormant sur un précipice, je devrais avertir un passant du voisinage d'une bête fauve. Il n'est pas nécessaire d'avoir promis le bien pour être obligé de le faire (quand on le peut).

3. « Fixés » soit! si l'on entend par là, non pas inventés, mais reconnus, formulés, délimités.

métaphysiques, on continuera de raisonner sans s'entendre ; et quand on aura dit ce que c'est qu'une loi de la nature, on n'en saura pas mieux ce que c'est qu'une loi de l'État [1].

J'ai déjà dit qu'il n'y avait point de volonté générale sur un objet particulier. En effet, cet objet particulier est dans l'État ou hors de l'État : une volonté qui lui est étrangère n'est point générale par rapport à lui, et si cet objet est dans l'État, il en fait partie ; alors il se forme entre le tout et sa partie une relation qui en fait deux êtres séparés, dont la partie est l'un, et le tout moins cette même partie est l'autre. Mais le tout moins une partie n'est point le tout, et tant que ce rapport subsiste, il n'y a plus de tout, mais deux parties inégales ; d'où il suit que la volonté de l'une n'est point non plus générale par rapport à l'autre.

Mais quand tout le peuple statue sur tout le peuple, il ne considère que lui-même ; et s'il se forme alors un rapport, c'est de l'objet entier sous un point de vue à l'objet entier sous un autre point de vue, sans aucune division du tout. Alors, la matière sur laquelle on statue est générale comme la volonté qui statue. C'est cet acte que j'appelle une loi.

1. On est toujours surpris de voir comment Rousseau qui a tant aimé, admiré, prôné et, comme il l'a dit lui-même, « adoré » la nature, ne veut plus entendre parler d'en consulter les lois pour essayer de mettre d'accord avec elles les lois des sociétés. Mais il estime que l'homme a rompu avec la nature et qu'il est désormais trop loin d'elle comme il est trop loin de la divinité. Aussi en politique prétend-il se passer de l'une comme de l'autre.

Quand je dis que l'objet des lois est toujours général, j'entends que la loi considère les sujets en corps et les actions comme abstraites, jamais un homme comme individu, ni une action particulière. Ainsi, la loi peut bien statuer qu'il y aura des privilèges, mais elle n'en peut donner nommément à personne ; la loi peut faire plusieurs classes de citoyens, assigner même les qualités qui donneront droit à ces classes, mais elle ne peut nommer tels et tels pour y être admis ; elle peut établir un gouvernement royal et une succession héréditaire, mais elle ne peut élire un roi ni nommer une famille royale : en un mot, toute fonction qui se rapporte à un objet individuel n'appartient point à la puissance législative.

Sur cette idée, on voit à l'instant qu'il ne faut plus demander à qui il appartient de faire des lois, puisqu'elles sont des actes de la volonté générale ; ni si le prince est au-dessus des lois, puisqu'il est membre de l'État ; ni si la loi peut être injuste, puisque nul n'est injuste envers lui-même [1] ; ni comment on est libre et soumis aux lois, puisqu'elles ne sont que des registres de nos volontés [2].

On voit encore que la loi réunissant l'universalité de la volonté et celle de l'objet, ce qu'un homme,

---

1. Pour démontrer à Rousseau comment cette assertion est insoutenable il suffirait, à la rigueur, de lui rappeler comment il a lui-même condamné, et fort éloquemment, le suicide.

2. Ce n'est pas du tout parce qu'elle est l'expression ou le « registre » de nos volontés, que la loi nous fait libres, c'est parce qu'elle est forte et bien faite.

quel qu'il puisse être, ordonne de son chef n'est point une loi ; ce qu'ordonne même le souverain sur un objet particulier n'est pas non plus une loi, mais un décret, ni un acte de souveraineté, mais de magistrature.

J'appelle donc république tout État régi par des lois, sous quelque forme d'administration que ce puisse être ; car alors seulement l'intérêt public gouverne, et la chose publique est quelque chose. Tout gouvernement légitime est républicain [1]. J'expliquerai ci-après ce que c'est que gouvernement.

Les lois ne sont proprement que les conditions de l'association civile. Le peuple soumis aux lois en doit être l'auteur : il n'appartient qu'à ceux qui s'associent de régler les conditions de la société ; mais comment les régleront-ils? Sera-ce d'un commun accord, par une inspiration sublime? Le corps politique a-t-il un organe pour énoncer ses volontés? Qui lui donnera la prévoyance nécessaire pour en former les actes et les publier d'avance, ou comment les prononcera-t-il au moment du besoin? Comment une multitude aveugle, qui souvent ne sait ce qu'elle veut, parce qu'elle sait rarement ce qui lui est bon [2], exécuterait-elle d'elle-même une

1. « Je n'entends pas seulement, par ce mot, une aristocratie ou une démocratie, mais en général tout gouvernement guidé par la volonté générale, qui est la loi. Pour être légitime, il ne faut pas que le gouvernement se confonde avec le souverain, mais qu'il en soit le ministre ; alors la monarchie elle-même est république. Ceci s'éclaircira dans le livre suivant. » (Note de Rousseau.)

2. Voici qui ne ressemble guère à ce que nous avons lu plus haut. Rousseau ferait-il

entreprise aussi grande, aussi difficile, qu'un système de législation? De lui-même, le peuple veut toujours le bien; mais, de lui-même, il ne le voit pas toujours. La volonté générale est toujours droite; mais le jugement qui la guide n'est pas toujours éclairé. Il faut lui faire voir les objets tels qu'ils sont, quelquefois tels qu'ils doivent lui paraître; lui montrer le bon chemin qu'elle cherche, la garantir de la séduction des volontés particulières, rapprocher à ses yeux les lieux et les temps, balancer l'attrait des avantages présents et sensibles par le danger des maux éloignés et cachés. Les particuliers voient le bien qu'ils rejettent, le public veut le bien qu'il ne voit pas. Tous ont également besoin de guides [1]; il faut obliger les uns à conformer leurs volontés à leur raison; il faut apprendre au peuple à connaître ce qu'il veut. Alors, des lumières publiques résulte l'union de l'entendement et de la volonté dans le corps social; de là, l'exact concours des parties, et enfin la plus grande force du tout. Voilà d'où naît la nécessité d'un législateur.

VII. — Du législateur.

Pour découvrir les meilleures règles de société

successivement l'éloge et la critique « du peuple » suivant les exigences de la thèse en discussion? Il est difficile de repousser ce soupçon.

1. Rousseau oublie ce qu'il a dit plus haut, que « la volonté générale ne peut errer ». Du moment où elle a besoin d'être « guidée », elle est donc exposée à errer, soit qu'elle ait cru devoir — et bien à tort — se passer de guides, soit qu'elle en ait pris de mauvais.

qui conviennent aux nations, il faudrait une intelligence supérieure qui vît toutes les passions et qui n'en éprouvât aucune ; qui n'eût aucun rapport avec notre nature et qui la connût à fond ; dont le bonheur fût indépendant de nous, et qui pourtant voulût bien s'occuper du nôtre ; enfin qui, dans le progrès des temps, se ménageant une gloire éloignée, pût travailler dans un siècle et jouir dans un autre [1]. Il faudrait des dieux [2] pour donner des lois aux hommes.

Le même raisonnement que faisait Caligula quant au fait, Platon le faisait quant au droit, pour définir l'homme civil ou royal, qu'il cherche dans son Livre du *Règne;* mais il est vrai qu'un grand prince est un homme rare ; que sera-ce d'un grand législateur? Le premier n'a qu'à suivre le modèle que l'autre doit proposer ; celui-ci est le mécanicien qui invente la machine, celui-là n'est que l'ouvrier qui la monte et la fait marcher. Dans la naissance des sociétés, dit Montesquieu, ce sont les chefs des républiques qui font l'institution, et c'est ensuite l'institution qui forme les chefs des républiques.

Celui qui ose entreprendre d'instituer un peuple

1. « Un peuple ne devient célèbre que quand sa législation commence à décliner. On ignore durant combien de siècles l'institution de Lycurgue fit le bonheur des Spartiates avant qu'il fût question d'eux dans le reste de la Grèce. » (Note de Rousseau).

2. Cette réminiscence de paganisme vient du fanatisme de Rousseau pour les lois des Grecs et des Romains. Il eût mieux fait de dire : Un dieu; et ce mot l'eût peut-être mis sur le chemin de la vérité.

doit se sentir en état de changer, pour ainsi dire,
la nature humaine ; de transformer chaque individu,
qui, par lui-même, est un tout parfait et solitaire [1],
en partie d'un plus grand tout, dont cet individu
reçoive, en quelque sorte, sa vie et son être ; d'altérer la constitution de l'homme pour la renforcer ;
de substituer une existence partielle et morale à
l'existence physique et indépendante que nous
avons tous reçue de la nature. Il faut, en un mot,
qu'il ôte à l'homme ses forces propres, pour lui en
donner qui lui soient étrangères, et dont il ne
puisse faire usage sans le secours d'autrui [2]. Plus
ces forces naturelles sont mortes et anéanties, plus
les acquises sont grandes et durables, plus aussi
l'institution est solide et parfaite ; en sorte que si
chaque citoyen n'est rien, ne peut rien que par
tous les autres [3], et que la force acquise par le tout
soit égale ou supérieure à la somme des forces

1. « Par lui-même » l'homme
n'est ni « un tout parfait » ni
« un tout solitaire » ; et il n'est
besoin ni de changer sa nature
ni de l'altérer (pas même « en
quelque sorte ») pour que chaque individu ait une existence
« partielle », ce qui veut dire
ici fasse partie d'une société.
Seulement tout en reconnaissant que l'individu fait partie
d'une société, il ne faut pas
croire que la société seule soit
réalité et que l'individu ne
soit rien par lui-même.

2. Il faut avoir le courage
de dire que tout ce passage est
pur galimatias. Acquérir des
forces grandes et durables avec
des forces mortes et anéanties,
cela ne signifie absolument
rien. Il peut être nécessaire de
subordonner certaines énergies ; mais subordonner n'est
pas nécessairement affaiblir
(tant s'en faut)l A plus forte
raison n'est-ce pas supprimer.

3. Rien qu'*avec* tous les
autres, passe encore. Mais
rien que *par* tous les autres
est moins acceptable.

naturelles de tous les individus [1], on peut dire que la législation est au plus haut point de perfection qu'elle puisse atteindre.

Le législateur est, à tous égards, un homme extraordinaire dans l'État. S'il doit l'être par son génie, il ne l'est pas moins par son emploi. Ce n'est point magistrature, ce n'est point souveraineté. Cet emploi, qui constitue la république, n'entre point dans sa constitution; c'est une fonction particulière et supérieure, qui n'a rien de commun avec l'empire humain [2], car si celui qui commande aux hommes ne doit pas commander aux lois, celui qui commande aux lois ne doit pas non plus commander aux hommes; autrement, ses lois, ministres de ses passions, ne feraient souvent que perpétuer ses injustices, et jamais il ne pourrait éviter que des vues particulières n'altérassent la sainteté de son ouvrage.

Quand Lycurgue donna des lois à sa patrie, il commença par abdiquer la royauté. C'était la coutume de la plupart des villes grecques, de confier à des étrangers l'établissement des leurs. Les républiques modernes de l'Italie imitèrent souvent cet

---

1. Il est parfaitement possible que la force acquise par le tout (si le tout est bien aménagé et bien dirigé) soit supérieure à la somme des forces naturelles. Il est même certain que cela doit être. Mais encore faut-il pour cela que les forces naturelles des individus n'aient pas été altérées, supprimées, anéanties.

2. Alors nous entrons, dans quoi? Dans une sphère quasi surnaturelle et d'où Dieu cependant est absent. Dans un mysticisme humain. Disons plus brièvement dans la chimère.

usage ; celle de Genève en fit autant et s'en trouva bien [1]. Rome, dans son plus bel âge, vit renaître en son sein tous les crimes de la tyrannie et se vit prête à périr pour avoir réuni sur les mêmes têtes l'autorité législative et le pouvoir souverain [2].

Cependant les décemvirs eux-mêmes ne s'arrogèrent jamais le droit de faire passer aucune loi de leur seule autorité. « Rien de ce que nous vous proposons, disaient-ils au peuple, ne peut passer en loi sans votre consentement. Romains, soyez vous-mêmes les auteurs des lois qui doivent faire votre bonheur. »

Celui qui rédige les lois n'a donc ou ne doit avoir aucun droit législatif, et le peuple même ne peut, quand il le voudrait, se dépouiller de ce droit

1. « Ceux qui ne considèrent Calvin que comme théologien, connaissent mal l'étendue de son génie. La rédaction de nos sages édits, à laquelle il eut beaucoup de part, lui fait autant d'honneur que son *Institution*. Quelque révolution que le temps puisse amener dans notre culte, tant que l'amour de la patrie et de la liberté ne sera pas éteint parmi nous, jamais la mémoire de ce grand homme ne cessera d'y être en bénédiction. » (Note de Rousseau).

« Les sages édits » de Calvin à Genève avaient établi, qui ne le sait ? un despotisme méticuleux et insupportable, qui avait la prétention d'unir le pouvoir civil à un sacerdoce bâtard, qui réglait la forme des culottes avec lesquelles il serait permis de danser (édit du 14 juillet 1552) et qui, après avoir attiré perfidement Michel Servet, le fit brûler vif pour des opinions théologiques différentes de celles de Calvin.

2. On exagéra le sens de ces maximes, quand on décida que les membres de l'Assemblée Constituante ne feraient pas partie de la Législative, mesure si funeste à la marche de la Révolution française. Il suffisait de séparer les deux mandats par des élections distinctes.

incommunicable, parce que, selon le pacte fondamental, il n'y a que la volonté générale qui oblige
les particuliers, et qu'on ne peut jamais s'assurer
qu'une volonté particulière est conforme à la volonté générale, qu'après l'avoir soumise aux suffrages libres du peuple; j'ai déjà dit cela, mais il n'est
pas inutile de le répéter.

Ainsi, l'on trouve à la fois dans l'ouvrage de la
législation, deux choses qui semblent incompatibles : une entreprise au-dessus de la force humaine,
et, pour l'exécuter, une autorité qui n'est rien [1].

---

1. Rousseau continue, dans des accès intermittents de sincérité, de porter à son propre système les coups les plus rudes. Dépouillées de tout appareil, voici les propositions qu'il nous donne : 1° Il faut au peuple une législation; 2° il est incapable de s'en donner une lui-même; 3° il ne peut cependant se dépouiller de son droit; 4° En attendant, le législateur auquel il s'adresse ou qu'il accepte, n'en a aucun.

Ces difficultés, d'autres les avaient parfaitement prévues. Ils en avaient conclu, les uns, qu'il vaut mieux laisser aller les choses selon les usages établis en les redressant peu à peu et en les pratiquant de mieux en mieux avec un sincère amour du bien public; les autres, qu'il faut mettre et maintenir inébranlablement à la base de tout, la loi donnée par Dieu même, c'est-à-dire le Décalogue, rejeter ce qui lui est contraire, accepter ce qui assure son règne bienfaisant, réformer ce qui s'éloigne de lui.

La conclusion de Rousseau, ici, du moins, quelle est-elle? Que le législateur doit faire croire à une autorité qu'il n'a pas, qu'il doit se donner comme le confident et l'interprète de la divinité, autrement qu'on ne peut sauver le peuple qu'en le trompant (de même qu'il faut « le forcer à être libre », comme il était dit plus haut). Ne trouvons-nous pas de nos jours un esprit analogue chez ceux qui croient que le peuple ne peut pas se passer du christianisme, et que cependant le christianisme est une illusion? On remarquera combien est forte, — et seule forte, — la situation de ceux qui dans le christianisme

Autre difficulté qui mérite attention. Les sages qui veulent parler au vulgaire leur langage au lieu du sien, n'en sauraient être entendus. Or, il y a mille sortes d'idées qu'il est impossible de traduire dans la langue du peuple. Les vues trop générales et les objets trop éloignés sont également hors de sa portée ; chaque individu ne goûtant d'autre plan de gouvernement que celui qui se rapporte à son intérêt particulier, aperçoit difficilement les avantages qu'il doit retirer des privations continuelles qu'imposent les bonnes lois. Pour qu'un peuple naissant pût goûter les saines maximes de la politique et suivre les règles fondamentales de la raison d'État, il faudrait que l'effet pût devenir la cause, que l'esprit social, qui doit être l'ouvrage de l'institution, présidât à l'institution même, et que les hommes fussent avant les lois ce qu'ils doivent être par elles [1]. Ainsi donc, le législateur ne pouvant employer ni la force ni le raisonnement, c'est une

voient tout simplement la vérité.

1. Ceci est spécieux et présenté avec art. Mais qui donc nous enferme dans ce cercle vicieux, si ce n'est le système de Rousseau, voulant à tout prix faire table rase et tout reconstruire sans tenir compte d'aucun fragment du passé ? Il y a en réalité un esprit social qui préexiste à toutes les constitutions ; il se compose de ces deux éléments que rappelle si énergiquement Bossuet quand il dit : « Nous devons nous aimer les uns les autres, parce que nous devons aimer tous ensemble le même Dieu, qui est notre père commun, et son unité est notre lien ». (*Polit.*, I, 1). Nous ne disons pas que cet esprit là devrait dispenser les peuples d'avoir des constitutions ; mais nous disons que, loin de provenir des constitutions, il faut qu'il les précède, car seul il peut leur communiquer une vie durable et féconde.

nécessité qu'il recoure à une autorité d'un autre ordre qui puisse entraîner sans violence et persuader sans convaincre.

Voilà ce qui força de tout temps les pères des nations de recourir à l'intervention du ciel et d'honorer les dieux de leur propre sagesse, afin que les peuples, soumis aux lois de l'État comme à celles de la nature, et reconnaissant le même pouvoir dans la formation de l'homme et dans celle de la cité, obéissent avec liberté et portassent docilement le joug de la félicité publique.

Cette raison sublime, qui s'élève au-dessus de la portée des hommes vulgaires, est celle dont le législateur met les décisions dans la bouche des immortels, pour entraîner, par l'autorité divine, ceux que ne pourrait ébranler la prudence humaine[1]. Mais il n'appartient pas à tout homme de faire parler les dieux, ni d'être cru quand il s'annonce pour être leur interprète. La grande âme du législateur est le vrai miracle[2] qui doit prouver sa

---

1. « E veramente, dit Machiavel, mai non fu alcuno ordinatore di leggi straordinarie in un populo, che non ricorresse a Dio, perche altrimenti non sarebbero accettate; perche sono molti beni conosciuti da uno prudente, et quali non hanno in se raggioni evidenti da potergli persuadere ad altrui. » (*Discorsi sopra Tito Livio*, l. I, c. vi.) (Note de Rousseau.)

Un vieux traducteur français, Gohory, rend ainsi le passage de Machiavel : « Généralement, tous ceux qui ont amené en un pays secte et loi extraordinaire, ils ont toujours usé de cette convention divine pour rendre leur cas plus vénérable et authentique, car beaucoup de bonnes choses qu'un homme sage connaît être telles, toutes fois ne les saurait-il souvent donner à entendre aux autres par raisons évidentes ».

2. Le mot n'est-il ici qu'une

mission. Tout homme peut graver des tables de pierre, ou acheter un oracle, ou feindre un secret commerce avec quelque divinité, ou dresser un oiseau pour lui parler à l'oreille, ou trouver d'autres moyens grossiers d'en imposer au peuple. Celui qui ne saura que cela pourra même assembler par hasard une troupe d'insensés, mais il ne fondera jamais un empire, et son extravagant ouvrage périra bientôt avec lui. De vains prestiges forment un lien passager; il n'y a que la sagesse qui le rende durable. La loi judaïque, toujours subsistante, celle de l'enfant d'Ismaël [1], qui depuis dix siècles régit la moitié du monde, annoncent encore aujourd'hui les grands hommes qui les ont dictées; et tandis que l'orgueilleuse philosophie ou l'aveugle esprit de parti ne voit en eux que d'heureux imposteurs, le vrai politique admire dans leurs institutions ce grand et puissant génie qui préside aux établissements durables.

Il ne faut pas de tout ceci conclure avec Warburton que la politique et la religion aient parmi nous un objet commun; mais que, dans l'ori-

métaphore? Ce serait se tirer de difficulté à bon compte. En y regardant de près, on sera tenté de dire que ce serait bien là en effet un vrai miracle, puisqu'il résoudrait une contradiction. Ainsi, Dieu ne fait pas de miracles; mais l'homme selon le cœur de Jean-Jacques en fait; aussi est-ce lui qui « honore » la divinité en lui « prétant » sa sagesse. Cette folie sera contagieuse, car on verra des Robespierre et des Marat s'attribuer une telle sagesse et prétendre faire régner de force cette « raison sublime au-dessus de la portée des hommes vulgaires. »

1. Mahomet.

gine des nations, l'une sert d'instrument à l'autre [1].

VIII. — Du peuple.

Comme, avant d'élever un grand édifice, l'architecte observe et sonde le sol pour voir s'il en peut soutenir le poids, le sage instituteur ne commence pas par rédiger de bonnes lois en elles-mêmes; mais il examine auparavant si le peuple auquel il les destine est propre à les supporter [2]. C'est pour cela que Platon refusa de donner des lois aux Arcadiens et aux Cyréniens, sachant que ces deux peuples étaient riches et ne pouvaient souffrir l'égalité; c'est pour cela qu'on vit en Crète de bonnes lois et de méchants hommes parce que Minos n'avait discipliné qu'un peuple chargé de vices.

Mille nations ont brillé sur la terre, qui n'auraient jamais pu souffrir de bonnes lois; et celles même qui l'auraient pu n'ont eu dans toute leur durée qu'un temps fort court pour cela. Les peuples, ainsi que les hommes, ne sont dociles que dans leur jeunesse; ils deviennent incorrigibles en vieillis-

---

1. Ainsi voilà qui est déclaré sans fausse honte : « la religion n'est qu'un instrument de la politique. » L'auteur, il est vrai, a dit : « dans l'origine des nations », mais après avoir établi que de cette origine tout dépend.

2. Qu'on le remarque bien, il n'est plus question de pacte ni de contrat. Rousseau se met désormais au lieu et place du sublime législateur qui va forcer le peuple à être libre. C'est ainsi que les conventionnels s'attribuèrent le droit et la mission de rendre le peuple français heureux malgré lui.

sant; quand une fois les coutumes sont établies et les préjugés enracinés, c'est une entreprise dangereuse et vaine de vouloir les réformer; le peuple ne peut pas même souffrir qu'on touche à ses maux pour les détruire, semblable à ces malades stupides et sans courage qui frémissent à l'aspect du médecin.

Ce n'est pas que, comme quelques maladies bouleversent la tête des hommes et leur ôtent le souvenir du passé, il ne se trouve quelquefois, dans la durée des États, des époques violentes où les révolutions font sur les peuples ce que certaines crises font sur les individus, où l'horreur du passé tient lieu d'oubli[1], et où l'État, embrasé par les guerres civiles, renaît, pour ainsi dire, de sa cendre, et reprend la vigueur de la jeunesse en sortant des bras de la mort : telle fut Sparte au temps de Lycurgue, telle fut Rome après les Tarquins, et telles ont été, parmi nous, la Hollande et la Suisse, après l'expulsion des tyrans.

Mais ces événements sont rares; ce sont des exceptions dont la raison se trouve toujours dans la constitution particulière de l'État excepté. Elles ne sauraient même avoir lieu deux fois pour le même peuple; car il peut se rendre libre tant qu'il n'est que barbare, mais il ne le peut que quand le ressort civil est usé. Alors les troubles peuvent le détruire

1. On se représente un homme de 93, lisant ce passage. Le paragraphe précédent l'aurait fort embarrassé; cette simple ligne sur « l'horreur du passé » lui aurait tristement rendu courage.

sans que les révolutions puissent le rétablir; et sitôt que ses fers sont brisés, il tombe épars et n'existe plus; il lui faut désormais un maître et non pas un libérateur. Peuples libres, souvenez-vous de cette maxime : On peut acquérir la liberté, mais on ne la recouvre jamais [1].

Il est pour les nations, comme pour les hommes, un temps de maturité qu'il faut attendre avant de le soumettre à des lois; mais la maturité d'un peuple n'est pas toujours facile à connaître, et si on la prévient, l'ouvrage est manqué. Tel peuple est disciplinable en naissant; tel autre ne l'est pas au bout de dix siècles. Les Russes ne seront jamais vraiment policés, parce qu'ils l'ont été trop tôt. Pierre avait le génie imitatif, il n'avait pas le vrai génie, celui qui crée et fait tout de rien [2]. Quelques-unes des choses qu'il fit étaient bien, la plupart étaient déplacées. Il a vu que son peuple était barbare, il n'a point vu qu'il n'était pas mûr pour la police; il l'a voulu civiliser quand il ne fallait que l'aguerrir. Il a d'abord voulu faire des Allemands, des Anglais, quand il fallait commencer par faire des Russes; il a empêché ses sujets de jamais devenir ce qu'ils pourraient être, en leur persuadant qu'ils étaient

1. Tout se recouvre quand on le veut et qu'on emploie les bons moyens. « Dieu a fait guérissables les nations de la terre », qui d'ailleurs, ne l'oublions pas, se renouvellent de génération en génération.

2. Faire « tout de rien », Dieu seul le peut. Mais Rousseau ne donnait-il pas tout à l'heure le grand législateur comme supérieur à Dieu même? En tout cas, remarquons que c'est bien là la formule révolutionnaire.

ce qu'ils ne sont pas. C'est ainsi qu'un précepteur français forme son élève pour briller un moment dans son enfance, et puis n'être jamais rien. L'empire de Russie voudra subjuguer l'Europe, et sera subjugué lui-même. Les Tartares, ses sujets ou ses voisins, deviendront ses maîtres et les nôtres : cette révolution me paraît infaillible[1]. Tous les rois de l'Europe travaillent de concert à l'accélérer.

IX. — Suite du chapitre précédent.

Comme la nature a donné des termes à la stature d'un homme bien conformé, passé lesquels elle ne fait plus que des géants ou des nains, il y a de même, eu égard à la meilleure constitution d'un État, des bornes à l'étendue qu'il peut avoir[2], afin qu'il ne soit ni trop grand pour pouvoir être bien gouverné, ni trop petit pour pouvoii se maintenir par lui-même. Il y a dans tout corps politique un *maximum* de force qu'il ne saurait passer, et duquel souvent il s'éloigne à force de grandir. Plus le lien social s'étend, plus il se relâche, et, en général, un petit État est proportionnellement plus fort qu'un grand.

1. Rousseau joue au prophète. Il ne semble pas avoir été plus heureux ici qu'en beaucoup de ses autres oracles. — Après avoir débuté par des formules d'une abstraction presque mathématique, il se perd dans la conjecture et la fantaisie. L'alliance de ces deux genres d'esprit n'est d'ailleurs pas rare.

2. Il y en a sans doute ; mais qui se flattera de les déterminer ? Il n'y a point ici de règle fixe. Tout dépend de l'organisation sociale et politique de la nation.

Mille raisons[1] démontrent cette maxime. Premièrement, l'administration devient plus pénible dans les grandes distances, comme un poids devient plus lourd au bout d'un plus grand levier[2]. Elle devient ainsi plus onéreuse à mesure que les degrés se multiplient; car chaque ville a d'abord la sienne, que le peuple paye; chaque district la sienne, encore payée par le peuple; ensuite chaque province, puis les grands gouvernements, les satrapies, les vice-royautés qu'il faut toujours payer plus cher à mesure qu'on monte, et toujours aux dépens du malheureux peuple; enfin, vient l'administration suprême, qui écrase tout[3] : tant de surcharges épuisant continuellement les sujets, loin d'être mieux gouvernés par ces différents ordres, ils le sont moins bien que s'il n'y en avait qu'un seul au-dessus d'eux. Cependant, à peine reste-t-il des ressources pour les cas extraordinaires, et quand il y faut recourir, l'État est toujours à la veille de sa ruine.

Ce n'est pas tout : non seulement le gouvernement a moins de vigueur et de célérité pour faire observer les lois, empêcher les vexations, corriger les abus, prévenir les entreprises séditieuses qui

---

1. « Mille raisons » a priori. Mais il ne serait pas mal d'étudier les faits, de les classer, de les interpréter.

2. Oui, si l'on veut absolument que *tout* soit administré de loin par le pouvoir central; non, s'il y a des pouvoirs secondaires et subordonnés qui administrent de près les intérêts spéciaux à chaque région.

3. Elle écrase tout, assurément, si elle veut se mêler de tout; mais ce n'est point là un mal nécessaire.

peuvent se faire dans des lieux éloignés ; mais le peuple a moins d'affection pour ses chefs, qu'il ne voit jamais [1], pour la partie, qui est à ses yeux comme le monde, et pour ses concitoyens, dont la plupart lui sont étrangers. Les mêmes lois ne peuvent convenir à tant de provinces diverses, qui ont des mœurs différentes, qui vivent sous des climats opposés, et qui ne peuvent souffrir la même forme de gouvernement. Des lois différentes n'engendrent que trouble et confusion parmi des peuples qui, vivant sous les mêmes chefs et dans une communication continuelle, passent ou se marient les uns chez les autres, et soumis à d'autres coutumes, ne savent jamais si leur patrimoine est bien à eux. Les talents sont enfouis, les vertus ignorées, les vices impunis, dans cette multitude d'hommes inconnus les uns aux autres, que le siège de l'administration suprême rassemble dans un même lieu. Les chefs, accablés d'affaires, ne voient rien par eux-mêmes ; des commis gouvernent l'État. Enfin, les mesures qu'il faut prendre pour maintenir l'autorité générale, à laquelle tant d'officiers éloignés veulent se soustraire ou en imposer, absorbent tous les soins publics ; il n'en reste plus pour le bonheur du peuple [2] ; à peine en reste-t-il pour sa défense

1. A ce compte, il faudrait que les États fussent aussi restreints que Sparte ou que la république romaine à ses débuts (pas plus tard que Fabricius !) ou que l'État de Genève ou que l'île de Corse. Telle est bien la pensée de l'auteur. A un utopiste qui veut tout régler lui-même, il faut un petit État.

2. C'est donc le pouvoir central qui est chargé de faire « le bonheur du peuple »? —

au besoin; et c'est ainsi qu'un corps, trop grand pour sa constitution, s'affaisse et périt écrasé sous son propre poids.

D'un autre côté, l'État doit se donner une certaine base pour avoir de la solidité, pour résister aux secousses qu'il ne manquera pas d'éprouver, et aux efforts qu'il sera contraint de faire pour se soutenir; car tous les peuples ont une espèce de force centrifuge, par laquelle ils agissent continuellement les uns contre les autres, et tendent à s'agrandir aux dépens de leurs voisins, comme les tourbillons de Descartes [1]. Ainsi les faibles risquent d'être bientôt engloutis, et nul ne peut guère se conserver qu'en se mettant avec tous dans une espèce d'équilibre qui rende la compression partout à peu près égale.

On voit par là qu'il y a des raisons de s'étendre et des raisons de se resserrer; et ce n'est pas le moindre talent du politique, de trouver, entre les unes et les autres, la proportion la plus avantageuse à la conservation de l'État. On peut dire en général que les premières, n'étant qu'extérieures et relatives, doivent être subordonnées aux autres, qui sont internes et absolues; une saine et forte constitution est la première chose qu'il faut rechercher, et l'on doit plus compter sur la vigueur qui

---

Il ne lui est pas défendu d'y aider, bien certainement. Mais pourquoi ne serait-ce pas au peuple lui-même de faire les trois quarts de son propre bonheur par le travail, par la vie de famille, par l'esprit d'entreprise et par la libre association?

1. Cela n'est que trop vrai.

naît d'un bon gouvernement, que sur les ressources que fournit un grand territoire.

Au reste, on a vu des États tellement constitués, que la nécessité des conquêtes entrait dans leur constitution même, et que, pour se maintenir, ils étaient forcés [1] de s'agrandir sans cesse. Peut-être se félicitaient-ils beaucoup de cette heureuse nécessité, qui leur montrait pourtant, avec le terme de leur grandeur, l'inévitable moment de leur chute.

X. — Suite.

On peut mesurer un corps politique de deux manières : savoir, par l'étendue du territoire, et par le nombre du peuple; et il y a, entre l'une et l'autre de ces mesures, un rapport convenable pour donner à l'État sa véritable grandeur. Ce sont les hommes qui font l'État, et c'est le terrain qui nourrit les hommes; ce rapport est donc que la terre suffise à l'entretien de ses habitants, et qu'il y ait autant d'habitants que la terre en peut nourrir [2]. C'est dans cette proportion que se trouve le *maximum* de force d'un nombre donné de peuple, car s'il y a du terrain de trop, la garde en est onéreuse, la culture insuffisante, le produit superflu : c'est la cause prochaine des guerres défensives; s'il n'y en a pas assez, l'État se trouve, pour le supplément,

1. Tentés, oui; mais « forcés », cela est moins évident.
2. Soit! mais il ne faut pas croire que ce que la terre d'un pays peut nourrir d'habitants soit fixé une fois pour toutes et pour jamais.

à la discrétion de ses voisins : c'est la cause prochaine des guerres offensives. Tout peuple qui n'a, par sa position, que l'alternative entre le commerce ou la guerre [1], est faible en lui-même ; il dépend de ses voisins, il dépend des événements ; il n'a jamais qu'une existence incertaine et courte ; il subjugue et change de situation, ou il est subjugué et n'est rien. Il ne peut se conserver libre qu'à force de petitesse ou de grandeur.

On ne peut donner en calcul un rapport fixe entre l'étendue de terre et le nombre d'hommes qui se suffisent l'un à l'autre, tant à cause des différences qui se trouvent dans les qualités du terrain, dans ses degrés de fertilité, dans la nature de ses productions, dans l'influence des climats, que de celles qu'on remarque dans les tempéraments des hommes qui les habitent, dont les uns consomment peu dans un pays fertile, les autres beaucoup sur un sol ingrat. Il faut encore avoir égard à la plus grande ou moindre fécondité des femmes, à ce que le pays peut avoir de plus ou moins favorable à la population, à la quantité dont le législateur peut espérer d'y concourir par ses établissements, de sorte qu'il ne doit pas fonder son jugement sur ce qu'il voit, mais sur ce qu'il prévoit, ni s'arrêter autant à l'état actuel de la population qu'à celui où elle doit naturellement parvenir. Enfin, il y a mille occasions où les accidents particuliers du lieu exi-

---

1. Outre le commerce il a,   ses colonies), le progrès des
chez lui comme au loin (dans cultures.

gent ou permettent qu'on embrasse plus de terrain qu'il ne paraît nécessaire. Ainsi, l'on s'étendra beaucoup dans un pays de montagnes, où les productions naturelles, savoir les bois, les pâturages, demandent moins de travail, où l'expérience apprend que les femmes sont plus fécondes que dans les plaines, et où un grand sol incliné ne donne qu'une petite base horizontale, la seule qu'il faut compter pour la végétation. Au contraire, on peut se resserrer au bord de la mer, même dans des rochers et des sables presque stériles, parce que la pêche y peut suppléer en grande partie aux productions de la terre, que les hommes doivent être plus rassemblés pour repousser les pirates, et qu'on a d'ailleurs plus de facilité pour délivrer le pays, par les colonies, des habitants dont il est surchargé.

A ces conditions pour instituer [1] un peuple, il en faut ajouter une qui ne peut suppléer à nulle autre, mais sans laquelle elles sont toutes inutiles : c'est qu'on jouisse de l'abondance et de la paix ; car le temps où s'ordonne un État est comme celui où se forme un bataillon, l'instant où le corps est le moins capable de résistance et le plus facile à détruire. On résisterait mieux dans un désordre absolu que dans un moment de fermentation, où chacun s'occupe de son rang et non du péril. Qu'une

---

1. Remarquer cette expression. Rousseau a la prétention de créer un peuple de toutes pièces et de le munir en une fois de toutes ses institutions, comme un fondateur d'ordre, par exemple (qui, lui, en vue d'un but spécial, puise, dans des traditions toutes formées, dans une église toute développée, des matériaux tout prêts) institue sa communauté.

guerre, une famine, une sédition survienne en ce temps de crise, l'État est infailliblement renversé.

Ce n'est pas qu'il n'y ait beaucoup de gouvernements établis durant ces orages, mais alors ce sont ces gouvernements mêmes qui détruisent l'État. Les usurpateurs amènent ou choisissent toujours ces temps de troubles pour faire passer, à la faveur de l'effroi public, des lois destructives que le peuple n'adopterait jamais de sang-froid. Le choix du moment de l'institution est un des caractères les plus sûrs par lesquels on peut distinguer l'œuvre du législateur d'avec celle du tyran.

Quel peuple est donc propre à la législation? Celui qui, se trouvant déjà lié par quelque union d'origine, d'intérêt ou de convention, n'a point encore porté le vrai joug des lois[1]; celui qui n'a ni coutumes ni superstitions bien enracinées; celui qui ne craint pas d'être accablé par une invasion subite; qui, sans entrer dans les querelles de ses voisins, peut résister seul à chacun d'eux ou s'aider de l'un pour repousser l'autre; celui dont chaque membre peut être connu de tous, et où l'on n'est point forcé de charger un homme d'un plus grand fardeau qu'un homme ne peut porter; celui qui peut se passer des autres peuples, et dont tout autre peuple ne peut se passer[2]; celui qui n'est ni riche

---

1. C'est toujours la table rase que l'on veut. C'est bien cela que voudront ceux qui ont fait dévier le premier mouvement de 1789.

2. « Si de deux peuples voisins, l'un ne pouvait se passer de l'autre, ce serait une situation très dure pour le premier et très dangereuse pour le second. Toute nation sage, en pareil cas, s'efforcera

ni pauvre et peut se suffire à lui-même : enfin, celui qui réunit la consistance d'un ancien peuple avec la docilité d'un peuple nouveau. Ce qui rend pénible l'ouvrage de la législation est moins ce qu'il faut établir que ce qu'il faut détruire, et ce qui rend le succès si rare, c'est l'impossibilité de trouver la simplicité de la nature jointe aux besoins de la société. Toutes ces conditions, il est vrai, se trouvent difficilement rassemblées : aussi voit-on peu d'États bien constitués [1].

Il est encore en Europe un pays capable de législation : c'est l'île de Corse. La valeur et la constance avec laquelle ce brave peuple a su recouvrer et défendre sa liberté mériteraient bien que quelque homme sage lui apprît à la conserver. J'ai

bien vite de délivrer l'autre de cette dépendance. La république de Thlascala, enclavée dans l'empire du Mexique, aima mieux se passer de sel que d'en acheter des Mexicains, et même d'en accepter gratuitement. Les sages Thlascalans virent le piège caché sous cette libéralité. Ils se conservèrent libres, et ce petit État enfermé dans ce grand Empire, fut enfin l'instrument de sa ruine. » (Note de Rousseau.)

1. Ce paragraphe et les deux qui le précèdent sont, en somme, très curieux et très intéressants. Qu'on les relise phrase à phrase, en se reportant, pour chacune d'elles, à l'état où était la France aux approches de 1789. On se dira que, si Rousseau est dans le vrai, peu de nations étaient aussi mal en état que la nôtre, à cette époque, de faire table rase et de se donner toute une législation d'un seul coup. Pour sortir de la crise, il a fallu à notre race une santé originelle bien vigoureuse. Mais sommes-nous tirés de difficulté? sommes-nous guéris?

Quoi qu'il en soit, on le voit ici une fois de plus, malgré toutes les erreurs qui compromettent les vérités qu'on leur doit, les hommes de génie sont encore moins dangereux que leurs disciples. Plus d'un, s'il revenait, rougirait de ceux qu'il a formés.

quelque pressentiment qu'un jour cette petite île étonnera l'Europe [1].

XI. — Des divers systèmes de législation.

Si l'on cherche en quoi consiste précisément le plus grand bien de tous, qui doit être la fin de tout système de législation, on trouvera qu'il se réduit à ces deux objets principaux, la *liberté* et *l'égalité;* la liberté, parce que toute indépendance particulière est autant de force ôtée au corps de l'État : l'égalité, parce que la liberté ne peut subsister sans elle.

J'ai déjà dit ce que c'est que la liberté civile [2]; à l'égard de l'égalité, il ne faut pas entendre par ce mot, que les degrés de puissance et de richesse soient absolument les mêmes; mais que, quant à

Ceci dit, il faut reconnaître que peu d'hommes ont eu autant que Rousseau la responsabilité des folies et des crimes de leur école.

1. Détachée de ce qui précède, cette phrase a pu être prise quelquefois pour une prophétie. Le mot de l'énigme est que Rousseau avait fait un projet de Constitution pour la Corse, et trouvait que cette petite île était un terrain propice à la culture de ses idées. Tout bon utopiste aime ainsi à choisir son île d'Ithaque ou sa Salente ou son Icarie. Quand j'étais à l'École Normale, un de nos camarades, devenu l'un des plus hauts fonctionnaires de l'Université, avait ainsi rédigé en cent pages, une constitution pour l'île de Madagascar. Son patriotisme a certainement lieu d'être satisfait de notre récente conquête; mais je doute qu'il ait fait agréer à notre gouvernement son juvénile projet d'autrefois. Il lui rend plus de services, assurément, en secondant comme il le fait, avec intelligence et persévérance, la propagation de notre vieille langue française.

2. Il l'a dit, mais bien confusément.

la puissance, elle soit au-dessus de toute violence, et ne s'exerce jamais qu'en vertu du rang et des lois, et, quant à la richesse, que nul citoyen ne soit assez opulent pour en pouvoir acheter un autre, et nul assez pauvre pour être contraint de se vendre [1] : ce qui suppose du côté des grands, modération de biens et de crédit; et du côté des petits, modération d'avarice et de convoitise [2].

Cette égalité, disent-ils, est une chimère de spéculation qui ne peut exister dans la pratique; mais si l'abus [3] est inévitable, s'ensuit-il qu'il ne faille

1. « Voulez-vous donc donner à l'État de la consistance? Rapprochez les degrés extrêmes autant qu'il est possible, ne souffrez ni des gens opulents ni des gueux. Ces deux états, naturellement inséparables, sont également funestes au bien commun : de l'un sortent les fauteurs de la tyrannie, et de l'autre les tyrans; c'est toujours entre eux que se fait le trafic de la liberté publique : l'un l'achète et l'autre la vend. » (Note de Rousseau.)

Ce ne sont pas toujours les plus pauvres qui se vendent, et il n'est pas toujours nécessaire d'être bien opulent pour acheter quelqu'un qui s'offre.

2. Mais comment la loi pourrait-elle imposer la modération des sentiments?

3. En quoi est-ce un « abus » qu'un individu devienne par son propre effort, plus intelli-gent, plus sage, plus heureux et même plus riche qu'un au-tre? C'en serait peut-être un si, comme l'a dit faussement Rousseau dans l'*Émile* (liv. II) « le bien de l'un, dans l'état social, faisait nécessairement le mal de l'autre », et si, la somme de biens, mise à la dis-position de la société étant fixée une fois pour toutes, nul ne pouvait dépasser un certain taux qu'en volant la part de quelqu'un; mais c'est là une conception enfantine. Un hom-me de talent et d'initiative en-richit mille personnes avec l'invention qui l'enrichit lui-même. Qu'importe donc qu'il s'élève au-dessus de beaucoup d'autres, s'il le fait correcte-ment, sans injustice, et s'il les aide à s'élever à leur tour au-dessus de ce qu'ils étaient pré-cédemment?

La vérité que contient cette

pas au moins le régler? C'est précisément parce que la force des choses tend toujours à détruire l'égalité, que la force de la législation doit toujours tendre à la maintenir.

Mais ces objets généraux de toute bonne institution doivent être modifiés en chaque pays par les rapports qui naissent tant de la situation locale que du caractère des habitants; et c'est sur ces rapports qu'il faut assigner à chaque peuple un système particulier d'institution qui soit le meilleur, non peut-être en lui-même, mais pour l'État auquel il est destiné. Par exemple, le sol est-il ingrat et stérile, ou le pays trop serré pour les habitants? tournez-vous du côté de l'industrie et des arts, dont vous échangerez les productions contre les denrées qui vous manquent. Au contraire, occupez-vous de riches plaines et des coteaux fertiles? Dans un bon terrain, manquez-vous d'habitants? Donnez tous vos soins à l'agriculture, qui multiplie les hommes, et chassez les arts qui ne feraient qu'achever de dépeupler le pays, en attroupant sur quelques points du territoire le peu d'habitants qu'il a [1]. Occupez-vous des rivages éten-

sortie de Rousseau contre les extrêmes, c'est que la force des nations réside surtout dans la classe moyenne. Aristote (*Polit.*, IV, 10) l'avait déjà dit : « La constitution n'est solide que là où la classe moyenne l'emporte en nombre sur les deux classes extrêmes ou du moins sur chacune d'elles... L'arbitre est la classe intermédiaire ». Tout mode de législation, tout système d'impôt, tout procédé artificiel qui nuit au développement de la classe moyenne, est un malheur pour l'État.

1. « Quelque branche de commerce extérieur, dit M. d'A..., ne répand guère qu'une fausse

dus et commodes ; couvrez la mer de vaisseaux, cultivez le commerce et la navigation ; vous aurez une existence brillante et courte [1]. La mer ne baigne-t-elle sur vos côtes que des rochers presque inaccessibles ? restez barbares et ichthyophages, vous en vivrez plus tranquilles, meilleurs peut-être, et sûrement plus heureux. En un mot, outre les maximes communes à tous, chaque peuple renferme en lui quelque cause qui les ordonne d'une manière particulière, et rend sa législation propre à lui seul. C'est ainsi qu'autrefois les Hébreux, et récemment les Arabes, ont eu pour principal objet la religion ; les Athéniens, les lettres ; Carthage et Tyr, le commerce ; Rhodes, la marine ; Sparte, la guerre, et Rome, la vertu. L'auteur de l'*Esprit des Lois* a montré, dans des foules d'exemples, par quel art le législateur dirige l'institution vers chacun de ces objets.

Ce qui rend la constitution d'un État véritablement solide et durable, c'est quand les convenances sont tellement observées que les rapports naturels et les lois tombent toujours de concert sur les mêmes points, et que celles-ci ne font, pour ainsi dire, qu'assurer, acompagner, rectifier les autres. Mais si le législateur, se trompant dans son objet, prend un principe différent de celui qui naît

---

utilité pour un royaume en général : elle peut enrichir quelques particuliers, même quelques villes ; mais la nation entière n'y gagne rien, et le peuple n'en est pas mieux. » (Note de Rousseau.)

1. « Courte », encore une prophétie bien hasardée. Exemple, l'Angleterre !

de la nature des choses, que l'un tende à la servitude et l'autre à la liberté; l'un aux richesses, l'autre à la population; l'un à la paix, l'autre aux conquêtes, on verra les lois s'affaiblir insensiblement, la constitution s'altérer, et l'État ne cessera d'être agité jusqu'à ce qu'il soit détruit ou changé, et que l'invincible nature ait repris son empire [1].

XII. — Division des lois.

Pour ordonner le tout, ou donner la meilleure forme possible à la chose publique, il y a diverses relations à considérer. Premièrement, l'action du corps entier agissant sur lui-même, c'est-à-dire le rapport du tout au tout, ou du souverain à l'État; et ce rapport est composé de celui des termes intermédiaires, comme nous le verrons ci-après.

Les lois qui règlent ce rapport portent le nom de lois politiques, et s'appellent aussi lois fondamentales, non sans quelque raison, si ces lois sont sa-

1. Malgré certains mots vagues et de convention, la seconde partie de ce chapitre contient des vues justes et profondes, celle-ci principalement, que le législateur d'un pays ne peut pas décréter arbitrairement quoi que ce soit, et qu'il est tenu de se conformer aux rapports naturels des choses, telles qu'elles sont dans son temps et dans son pays. — Rousseau ne se demande pas si ce principe est bien d'accord avec ceux qu'il a posés précédemment; car, selon son habitude, il est tout à la pensée qui l'occupe dans le moment présent. Si « l'invincible nature » reprend toujours ses droits et son empire, comment un peuple pourrait-il entrer de force dans des cadres aussi artificiels et aussi conventionnels que la plupart de ceux du *Contrat social?* Est-il possible d'imposer l'égalité des conditions et des fortunes? Est-il possible de « chasser les arts ? » etc.

ges; car s'il n'y a dans chaque État qu'une bonne manière de l'ordonner, le peuple qui l'a trouvée doit s'y tenir; mais si l'ordre établi est mauvais, pourquoi prendrait-on pour fondamentales des lois qui l'empêchent d'être bon? D'ailleurs, en tout état de cause, un peuple est toujours le maître de changer ses lois, même les meilleures; car s'il lui plaît de se faire mal à lui-même, qui est-ce qui a le droit de l'en empêcher [1]?

La seconde relation est celle des membres entre eux ou avec le corps entier, et ce rapport doit être au premier égard aussi petit, et au second aussi grand qu'il est possible; en sorte que chaque citoyen soit dans une parfaite indépendance de tous les autres, et dans une excessive dépendance de la cité [2], ce qui se fait toujours par les mêmes moyens; car il n'y a que la force de l'État qui fasse la liberté de ses membres. C'est de ce deuxième rapport que naissent les lois civiles.

1. Singulier paragraphe. De telles paroles sont un encouragement (que notre pays n'a que trop écouté) à la mobilité perpétuelle des constitutions et des lois.

Rousseau trouve étrange qu'on défende à un peuple de se faire du mal à lui-même! Mais d'abord est-ce que l'homme — peuple et individu — n'a pas des devoirs envers lui-même? Et ensuite est-ce qu'un peuple qui se nuit ne nuit pas à l'humanité à laquelle finalement il est lié? Est-ce qu'il ne nuit pas aussi à sa postérité, dont il n'a pas le droit de se désintéresser?

2. Ce qui peut se comprendre ainsi : Ce n'est ni vous ni personne autre qui me forcez à procéder de telle façon pour vendre, pour acheter, pour contracter, pour faire enfin quoi que ce soit de la vie civile, c'est la loi qui m'y contraint comme elle nous y contraint également tous.

On peut considérer une troisième sorte de relation entre l'homme et la loi, savoir, celle de la désobéissance à la peine, et celle-ci donne lieu à l'établissement des lois criminelles, qui, dans le fond, sont moins une espèce particulière de lois, que la sanction de toutes les autres [1].

A ces trois sortes de lois, il s'en joint une quatrième, la plus importante de toutes, qui ne se grave ni sur le marbre, ni sur l'airain, mais dans les cœurs des citoyens; qui fait la véritable constitution de l'État; qui prend tous les jours de nouvelles forces; qui, lorsque les autres lois vieillissent ou s'éteignent, les ranime ou les supplée, conserve un peuple dans l'esprit de son institution, et substitue insensiblement la force de l'habitude à celle de l'autorité. Je parle des mœurs, des coutumes et surtout de l'opinion, partie inconnue à nos politiques, mais de laquelle dépend le succès de toutes les autres; partie dont le grand législateur s'occupe en secret, tandis qu'il paraît se borner à des règlements particuliers, qui ne sont que le cintre de la voûte, dont les mœurs, plus lentes à naître, forment enfin l'inébranlable clef [2].

1. Observation juste et profonde. Les lois criminelles punissent les actes perpétrés, 1° contre les personnes; 2° contre les propriétés; 3° contre l'ordre public, dont les intérêts sont déjà réglés par les autres lois. Il ne servirait de rien que la loi civile me donnât le droit de travailler librement, le droit de posséder, le droit de me marier, le droit d'élever mes enfants, le droit de circuler, etc., si tout empêchement mis par ruse ou par violence à chacun de ces droits n'était puni par la loi criminelle.

2. Tout ce paragraphe est non seulement irréprochable,

Entre ces diverses classes, les lois politiques qui constituent la forme du gouvernement sont les seules relatives à mon sujet.

En résumé, on pourrait, dans ce second livre, recueillir quelques concessions précieuses à la vérité, comme les suivantes : la loi ne prononce que d'une manière générale — la loi donne à l'individu plus de force qu'elle ne lui en ôte — l'individu ne doit pas compte à la communauté de ce qu'il y a d'individuel dans ses pensées, dans ses actions — toute législation ne peut pas convenir à tout pays — il est dangereux de remanier les lois d'un pays sans faire grande attention aux circonstances... Quelques-unes de ces idées (la troisième notamment) ne sont pas sans être gravement altérées par des maximes où l'auteur reprend ce qu'il a concédé. Mais la pensée primitive ne mérite pas moins d'être relevée.

En revanche, il n'est pas difficile de dégager la grande et funeste erreur qui en entraîne tant d'autres à sa suite : l'institution de la société demandant qu'il soit fait table rase — la volonté générale appelée à tout refaire et à tout décider — cette volonté générale seule juge, en fait et en droit, de ce que l'individu peut ou ne peut pas retenir pour en être maître — cette même volonté générale proclamée incorruptible et incapable d'errer — la religion subordonnée à la politique — l'individu d'autant plus af-

mais excellent. Il serait même de nature à racheter une partie des sophismes qui précèdent, s'il ne contribuait à les mettre en plus vive lumière. Si ce sont les mœurs qui font « la véritable constitution de l'État », elles dépendent donc elles-mêmes d'autre chose que d'une constitution factice et imposée.

faibli que les associations partielles sont défendues — la législation à laquelle il faudra obéir remise à un homme unique, à un homme extraordinaire, assez orgueilleux de lui-même pour prétendre honorer les dieux de sa sagesse et assez imposteur pour se donner comme leur interprète.

Résumé des livres III et IV.

On comprendra maintenant que nous voulions donner une idée plus complète du *Contrat social* en analysant les propositions les plus importantes des deux derniers livres. On y trouve, comme dans les deux premiers, un mélange singulier de bon sens et d'utopie, bien qu'à coup sûr l'esprit d'utopie et l'esprit de tyrannie collective y prédominent.

Dans le livre III, Rousseau se pose le problème du gouvernement et des différentes formes du gouvernement. « Un gouvernement, dit-il, est un corps intermédiaire entre les sujets [pris chacun en particulier] et le souverain [qui est l'ensemble entier du corps social] pour leur mutuelle correspondance. »

« On a beaucoup discuté, dit-il ensuite, sur la meilleure forme de gouvernement, sans considérer que chacune d'elles est la meilleure en certain cas et la pire en d'autres. »

Il passe donc en revue la démocratie, l'aristocratie, la monarchie; et ce qui paraît avoir ses préférences, c'est la république aristocratique. « S'il y avait un peuple de dieux, il se gouvernerait démocratiquement; mais un gouvernement si parfait ne convient pas à des hommes. »

Il insiste sur les inconvénients « essentiels et inévitables », suivant lui, de la monarchie.

Quant à l'aristocratie, il la veut recrutée parmi les hommes de mérite et non parmi les plus riches, et il écrit :

« c'est l'ordre le plus naturel et le meilleur, que les plus sages gouvernent la multitude, quand on est sûr qu'ils la gouverneront pour son profit et non pour le leur ».

Après l'examen que résument ces diverses propositions, Rousseau n'en revient pas moins à un mode de gouvernement qu'on a bien de la peine à distinguer de la démocratie, car il trouve que la représentation est une invention absurde. « Du moment où un peuple se donne des représentants, il n'est plus libre, il n'est plus. »

Ici l'auteur se demande si l'on peut reconnaître, et à quels signes, que tel ou tel mode de gouvernement était bien pour un peuple le meilleur qu'il pût avoir. La réponse qu'il se fait à lui-même mérite d'être relevée. Cette réponse mérite surtout d'être méditée par nous, Français de la fin du dix-neuvième siècle, qui assistons au phénomène déplorable de la diminution des naissances. Ce n'est plus, dit-il, une question abstraite et théorique, mais « une question de fait ».

« Pour moi je m'étonne toujours qu'on méconnaisse un signe aussi simple ou qu'on ait la mauvaise foi de n'en pas convenir. Quelle est la fin de l'association politique? C'est la conservation et la prospérité de ses membres. Et quel est le signe le plus sûr qu'ils se conservent et prospèrent? C'est leur nombre et leur population. N'allez donc pas chercher ailleurs ce signe si disputé. Toute chose d'ailleurs égale, le gouvernement sous lequel, sans moyens étrangers, sans naturalisations, sans colonies[1], les citoyens

---

1. Ce n'est pas que Rousseau déconseille ici les naturalisations et les colonies. Il veut dire seulement que pour apprécier comme un signe favorable l'accroissement de la population d'un État, il faut considérer, non l'accroissement venu de accession de nouveaux citoyens adultes (si utile que cette accession puisse être) mais l'excédent des naissances sur les décès dans la population nationale. Il a raison.

peuplent et se multiplient davantage, est infailliblement le meilleur. Celui sous lequel un peuple diminue et dépérit est le pire. »

Puis il clôture ce troisième livre par un chapitre où il s'efforce d'établir que l'institution d'un gouvernement n'est pas un contrat entre gouvernants et gouvernés, mais un simple acte de la volonté générale, et que par conséquent toute forme de gouvernement est essentiellement « provisionnelle ». — Il ajoute, il est vrai, que les changements sont toujours dangereux et qu'il ne faut toucher qu'avec circonspection à tout ce qui est établi.

Le livre IV nous ramène tout d'abord à la théorie favorite de la volonté générale « toujours constante, inaltérable et pure » et à l'institution des « suffrages» qui n'ont d'autre but que d'indiquer la volonté générale »; car, selon Rousseau, il suffit de la dégager, pour que tout soit dit Il se demande si les élections des magistrats doivent dépendre du sort ou du suffrage; et il fait à cette question la réponse suivante : « Le sort conviendrait à une véritable démocratie; mais j'ai déjà dit qu'il n'en était point de véritable. »

Il passe ensuite en revue un certain nombre d'institutions renouvelées des Romains, le tribunat, la dictature, la censure; et son dernier chapitre, un des plus caractéristiques, est consacré à la religion civile.

Après avoir vanté la « sublimité » de la religion de l'Évangile, il prétend que cette sublimité même demande trop de perfection pour des citoyens — que cette religion « toute spirituelle, ne s'occupant que des choses du ciel, ne peut pas créer une vraie société d'hommes ». C'est alors que se souvenant de Calvin à Genève et préparant la voie à Robespierre, il esquisse une profession de foi purement civile «... dont il appartient au souverain de fixer les articles ». Et il ose dire : « sans vouloir obliger personne à les croire, il peut bannir de l'État quiconque ne les croit pas; il peut le bannir, non comme impie, mais comme insociable, comme incapable d'aimer sincèrement ces lois, la justice, et d'immoler au besoin sa vie à son devoir. Que si quelqu'un, après avoir reconnu publiquement ces mêmes dogmes, se conduit comme ne les croyant pas, qu'il soit puni de mort; il a commis le plus grand des crimes, il a menti contre les lois. »

Ceci dit, il propose le dogme d'un Être suprême, ami de ceux qui croient à la « sainteté » du contrat social, et, tel à peu près que le « décrétera » la Terreur; puis il tolère tous les cultes respectueux de ce dogme, mais exclut formellement la religion catholique.

La conclusion du livre entier est la suivante.

« Après avoir posé les vrais principes du droit politique et tâché de fonder l'État sur sa base, il resterait à l'appuyer par ses relations externes, ce qui comprendrait le droit de guerre et de conquêtes, le droit public, les ligues, les négociations, les traités, etc. Mais tout cela forme un nouvel objet, trop vaste pour ma courte vue. »

En d'autres termes, tout ce qui est de science positive et expérimentale, il le sacrifie, satisfait d'avoir posé « les vrais principes », c'est-à-dire ceux qu'il lui a plu de forger *à priori*.

TABLE DES MATIÈRES

LIVRE II

A LA MÊME LIBRAIRIE

Les Moralistes français des XVIIe, XVIIIe et XIXe siècles, avec introduction et notes, par M. Henri JOLY, ancien professeur à la Sorbonne.

Leibniz. — **La Monadologie**, avec étude et notes, par M. l'abbé PIAT, professeur à l'Institut catholique de Paris.

Fables d'Esope, avec étude, notes et lexique, par M. CHAMBRY, ancien maître de conférences à la Faculté des lettres d'Aix, professeur au lycée Voltaire, à Paris.

Fables de Phèdre, avec étude, notes et lexique, par LE MÊME.

Racine. — **Britannicus**, avec étude et notes, par M. VIANEY, maître de conférences à la Faculté des lettres de Montpellier.

Voltaire. — **Histoire de Charles XII**, avec introduction et notes, par M. G. SYVETON, agrégé de l'Université.

La **Germanie**, de Tacite, par M. l'abbé LE JAY, professeur à l'Institut catholique de Paris.

Goldsmith. — **The deserted village**, avec notes, par M. H. DUMÉRIL, professeur adjoint à la Faculté des lettres de Toulouse.

Poésies de **Goethe** et de **Schiller**, par M. E. HALLBERG, professeur à la Faculté des lettres de Toulouse.

Paris. — Imp. DEVALOIS, avenue du Maine, 144.

www.ingramcontent.com/pod-product-compliance
Ingram Content Group UK Ltd.
Pitfield, Milton Keynes, MK11 3LW, UK
UKHW020206130726
13696UKWH00002B/751